IL MODO SEMPLICE PER IMPARARE INGLESE

2

ELEONORA GIUSTI

Tutti i diritti riservati.

Copyright © 2019 di Eleonora Giusti

Nessuna parte di questo libro può essere riprodotta o trasmessa in alcuna forma o con qualsiasi mezzo, elettronico o meccanico, comprese fotocopie, registrazioni o qualsiasi sistema di archiviazione e recupero di informazioni, senza autorizzazione scritta dell'editore.

Questa edizione contiene il testo complete

dell'originale edizione rilegata.

NESSUNA PAROLA È STATA OMESSO.

IL MODO SEMPLICE PER IMPARARE L'INGLESE

Un libro BadCreative / pubblicato da

accordo con l'autore

STORIA DI PUBBLICAZIONE BADCREATIVE

The Simplest Way To Learn French published March 2016

The Simplest Way To Learn Spanish, published March 2017

PROSSIMI LAVORI

The Simplest Way To Learn Dutch, 2019

ISBN: 9781085809900

Vol. 1   Vol. 2

ALSO AVAILABLE IN

- AUDIO
- HARDCOVER
- E-BOOK

FORMATS

Per aggiornamenti sul prossimo libro, seguici su

www.facebook.com/BadCreativ3

SOCIAL #TheSimplestWay #LearnItalian2 #BadCreativ3

CONTENUTO

CAPITOLO UNO - VERBI - INFINITIVO

VERBI - PERFETTO PLURALE

VERBI - GERUND / FUTURO

VERBI - PRESENTE SOGGETTIVO

VERBI - CONDIZIONATI

VERBI - PASSATO CONDIZIONATO

VERBI - CONGIUNTO PASSATO

CAPITOLO DUE - VOCI PASSIVE

CAPITOLO TRE - PREPOSIZIONI

CAPITOLO QUATTRO - ASTRATTI

CAPITOLO CINQUE - NATURA

CAPITOLO SEI - MATERIALI

CAPITOLO SETTE - LE ARTI

CAPITOLO OTTO - MISURE

CAPITOLO NOVE - MEDICO

CAPITOLO DIECI - POLITICA

CAPITOLO ELEVEN - ISTRUZIONE

CAPITOLO DODICI - IMPERATIVI

CAPITOLO TREDICI - SCIENZA

CAPITOLO QUATTRO - TRASPORTO

CAPITOLO QUINTO - ECONOMIA

CAPITOLO SEDICI - SPORT

CAPITOLO SETTIMO - SPIRITUALITÀ

CAPITOLO DICIOTTO - FLIRTARE

CAPITOLO NOVE - IDIOMI

CONTACT

PREFAZIONE

Nel primo libro, abbiamo stabilito l'idea che la lingua è un aspetto essenziale della condizione umana e vi abbiamo fornito le basi per imparare l'italiano di conversazione. Nel secondo libro, vi presentiamo altri aspetti della grammatica che potrebbero non essere stati trattati in precedenza.

Come il suo predecessore, questo libro contiene un lessico di alcune delle parole più usate nella conversazione quotidiana italiana. Si avvale delle vecchie tecniche di apprendimento della ripetizione e della memorizzazione, per condizionare il cervello per imparare l'italiano il più rapidamente possibile. Inoltre, una funzione ausiliaria chiamata story mode è stata inclusa per aiutare il lettore in un test di comprensione.

Infine, va notato che, mentre questo libro aiuterà in un riconoscimento visivo e la comprensione delle parole in lingua italiana, gli studenti devono anche capire le loro pronunce appropriate. Per contribuire a questo, sarà messo a disposizione un audiobook che lo accompagna, per consentire lezioni di ascolto.

E così, dalla bella città di Roma, la città dell'amore e tutte le cose alla moda, vi presentiamo, <u>Il Modo Semplice per Imparare L'inglese 2.</u>

COMO USARE QUESTO LIBRO

- Questa linea è la linea di allenamento (o T-Line se preferisci)

TEMPO DI ALLENAMENTO

Rappresenta la fine di un set di 25 parole da memorizzare.

- Sei richiesto per coprire il lato destro del libro e tentare di tradurre il lato sinistro, a mano libera.
- Ogni traduzione corretta porta 1 punto. Le parole dopo la T-line ma non fino a 25, sono considerate come bonus.
- Non procedere al lotto successivo fino a quando non hai segnato almeno venticinque punti.
- Le modalità storia sono pensate per aiutarti a capire l'uso delle parole nelle frasi, quindi assicurati di ottenere un punteggio elevato nell'addestramento, al fine di comprendere appieno le storie.

Ora che conosci le regole, Cominciamo.

CAPITOLO UNO

VERBI - INFINITIVO

Parole chiavi: Predict, push, know, build, avoid, judge, enter, decrease.

Gli piace costruire cose	He likes to build things
È difficile da prevedere	It is difficult to predict
Lo impedirò	I am going to prevent that
È meglio evitare quella zona	It is better to avoid that zone
Lei vuole incontrarmi	She wants to meet me
Grazie per non spingere	Thanks for not pushing
Mi sento male come puoi vedere	I feel bad as you can see
Spesso c'erano dei movimenti pericolosi da evitare	Often, there were dangerous movements to avoid
Crescono frutta e verdura	They grow fruit and vegetables
Dopo un mese, ho potuto osservare progressi reali	After one month, I could observe real progress
Mi piace pianificare i pasti	I like to plan meals
Non ho tempo di incontrarti	I do not have time to meet you
Da evitare dopo i pasti	To be avoided after meals
Non posso più muovermi	I cannot move anymore
Puoi entrare	You can enter
Non puoi uscire	You cannot go out

Devo inviare lettere	I have to send out letters
Ho intenzione di risolvere il problema	I am going to resolve the problem
Questo è difficile da diminuire	This is hard to decrease
Chi è lui per giudicarmi?	Who is he to judge me?
Sta per riempirsi il cappello di	She is going to fill her hat with apples
Stava per uscire	She was about to go out
Posso entrare?	May I come in?
No, lo risolveremo	No, we are going to resolve this
Non puoi muoverti	You cannot move

TEMPO DI ALLENAMENTO

Ho un piccolo astuccio da riempire	I have a small suit case to fill
Puoi entrare	You can enter
È ancora troppo presto per giudicare	It is still too soon to judge
Sta per proteggere suo marito	She is going to protect her husband
Mi piace fare esercizio	I like to exercise
Devi decidere	You have to decide
Non ne posso più	I cannot stand it anymore
Difficile da rifiutare	Hard to refuse
Non mi ha dato il tempo di pensare	She did not give me time to think
Devo anticipare il mio orologio di cinque minuti	I have to set my watch ahead by five minutes

Italiano	English
Quanto tempo per sostituire lo specchio?	How much time to replace the mirror?
Non posso decidere oggi	I cannot decide today
Non sopporto questo rumore	I cannot stand this noise
Sta per proteggere il suo bambino	She is going to protect her baby
Non voglio sopportare qu rumore	I do not want to put up with that noise
È difficile da descrivere	It is hard to describe
Stanno per chiudere la finestra	They are going to close the window
Puoi alzarti	You can get up
Questo file deve essere verificato	This file needs to be verified
Sarà facile da organizzare	It will be easy to organize
Lo vado a controllare	I am going to check that
Stanno per chiudere il ristorante	They are going to close the restaurant
Non sarà facile organizzarsi	That is not going to be easy to organize

TEMPO DI ALLENAMENTO

Italiano	English
Non posso descrivere questa lampada	I cannot describe this lamp
Stai per rompere la finestra	You are going to break the window
Stai per ispezionare questa macchina	You are going to inspect this car
Non voglio arrendermi	I do not want to give up
Voglio dirti tutto	I want to tell you everything

Penso che avrà successo	I think he is going to succeed
Devi citare questo autore	You have to cite this author
Stanno andando a sostenere i tuoi sforzi	They are going to support your efforts
Inutile parlare con lei	It is useless to talk with her
Gli piace raccontare storie divertenti	He likes to tell funny stories
Suo figlio avrà sicuramente successo	Her son is sure to succeed

TEMPO DI ALLENAMENTO

Per avviare la macchina	To start the car
Quanto vuole spendere?	How much does he want to spend?
Vogliono adottare un bambino	They want to adopt a baby
Puoi contattarmi se hai un problema	You can contact me if you have a problem
Non mi piace usare il telefono	I do not like to use the phone
Voglio spendere di meno	I want to spend less
Senza dirlo a nessuno?	Without telling anyone?
Mi piace camminare con il mio cane	I like to walk my dog
Possono tornare in Francia	They can return to France
Non ho nulla da nascondere	I have nothing to hide
Posso accettare la macchina	I can accept the car
Dividerete la torta in quattro	You will divide the cake into four
Non posso accettare questo lavoro	I cannot accept this work
Ho intenzione di avvertire tuo padre	I am going to warn your father

Mi piace nascondermi	I like to hide
Puoi girarti ora	You can turn around now
Sto venendo per condividere questo momento con te	I am coming to share this moment with you
Lei accetterà	She is going to accept
Difenderà suo marito	She is going to defend her husband
Continuerete a mangiare	You will continue eating
Sta per iniziare presto	He is going to start soon
Posso prestarti la mia macchina	I can lend you my car
Un piccolo robot viene a salvarli	A little robot comes to save them
Voglio prendere in prestito questo libro	I want to borrow this book
Questo può iniziare ora	That can start now

TEMPO DI ALLENAMENTO

Dobbiamo continuare!	We have to continue!
Vengo a salvare il tuo gatto	I am coming to save your cat
Vogliamo proteggere gli animali	We want to protect the animals
Puoi prestarmi la tua penna?	Can you lend me your pen?
Penso di aver letto questo	I think I have read that
Devo tornare prima di mezzanotte	I have to come back before midnight
Non sono sicuro che mi piacesse la sua idea	I am not sure I liked his idea
Pensi di aver finito in tempo?	Do you think you have finished in time?

Sembra che abbia finito il suo lavoro	He seems to have finished his work
Mia madre ha detto che le piaceva il suo regalo	My mother said she liked her present
Non può aver letto questo libro	He cannot have read this book
Dicono che si sono sposati l'anno scorso	They say they got married last year
Siamo felici che siamo venuti	We are happy that we came

MODALITÀ STORIA

INGLESE

Martina: "Why do you have to leave? I'm going to miss you a lot."

Leonardo: "I'm going to miss you too, but there's no need to worry because we'll always be together, no matter where I go, I'll skype you every week."

Martina: "My birthday is coming soon, and I'm not sure If I can be without you, I want to share this moment with you, my love, I'll ask for a transfer as soon as possible."

Leonardo: "No problem my love, but the distance between here and my new school is very far."

Martina: "Do you intend to replace me so soon?"

Leonardo: "Of course not, how can I?"

Martina: "So let me be the judge of distance, because my heart is really connected to yours now."

Leonardo: "It's good, you can come, but be sure to divide the cake into four parts, because I'm going to have two roommates at my new destination."

ITALIANO

Martina: "Perché devi andartene? Mi mancherai molto."

Leonardo: "Mi mancherai anche tu, ma non c'è motivo di preoccuparsi perché staremo sempre insieme, non importa dove vado, ti saluterò ogni settimana."

Martina: "Il mio compleanno arriverà presto, e non sono sicuro che se potrò stare senza di te, voglio condividere questo momento con te, amore mio, chiederò il trasferimento il prima possibile."

Leonardo: "Nessun problema amore mio, ma la distanza tra qui e la mia nuova scuola è molto lontana."

Martina: "Hai intenzione di sostituirmi così presto?"

Leonardo: "Certo che no, come posso?"

Martina: "Quindi lasciami essere il giudice della distanza, perché il mio cuore è davvero connesso al tuo ora."

Leonardo: "Va bene, puoi venire, ma assicurati di dividere la torta in quattro parti, perché avrò due coinquilini nella mia nuova destinazione."

VERBI - PERFETTO PLURALE

Parole chiavi: Last, added, used, accepted.

Ho aggiunto latte	I had added milk
Avevo conosciuto suo cugino	I had known her cousin
L'avevi accettato	You had accepted that
Gli oggetti che aveva usato	The objects that he had used
Mi aveva offerto del tè	She had offered me tea
Che risultati aveva ottenuto?	What results had she got?
L'avevamo accettato	We had accepted it
Avevano aggiunto il suo nome	They had added his name
Questi sono i documenti che hai ottenuto	These are the documents that you had obtained
Aveva conosciuto suo zio	She had known her uncle
Siamo tornati in Francia	We had returned to France
Avevo chiamato il dottore	I had called the doctor
Più tardi, sei venuto	Later, you had come
Sono passato di qui	I had passed by here
Lei era rimasta in silenzio	She had kept quiet
Questo è l'adolescente che avevamo chiamato	This is the teenager that we had called

MODALITÀ STORIA

INGLESE

Boss: "I wrote a letter yesterday, if only you had been there, you would have seen it."

Silvio: "Once Mrs. Carew offered me tea, it meant I had to listen to one of her terribly long stories, so I left the building at the slightest opportunity."

Boss: "That's right, I guess ... Once she's started, you can never stop her ... Anyway, how are you?" I noticed that you keep going early and late in recent days."

Silvio: "All is well sir, I just passed the Simpleway certification exams, with the translation work I have to do here, I only had time at the beginning and end of the shifts to study."

Boss: "Splendid, you know, that's another good idea that you brought to this company, if I knew earlier, I would have given you more free time, it's a useful certification, and must add this publishing house."

Silvio: "I'm honored sir, so am I going to have a salary increase for that?"

Boss: "No, not yet, but it's coming soon, rest assured."

ITALIANO

Capo: "Ho scritto una lettera ieri, se solo tu fossi stato lì, avresti visto."

Silvio: "Una volta che la signora Carew mi ha offerto il tè, significava che dovevo ascoltare una delle sue storie terribilmente lunghe, così ho lasciato l'edificio alla minima occasione."

Capo: "È vero, immagino ... Una volta che ha iniziato, non puoi mai fermarla ... 'Comunque, come stai?' Ho notato che continui presto e tardi negli ultimi giorni."

Silvio: "Va tutto bene, signore, ho appena superato gli esami di certificazione Simpleway, con il lavoro di traduzione che devo fare qui, ho avuto solo il tempo all'inizio e alla fine dei turni di studio."

Capo: "Splendida, sai, questa è un'altra buona idea che hai portato in questa azienda, se lo avessi saputo prima, ti avrei dato più tempo libero, è una certificazione utile, e devo aggiungere questa casa editrice."

Silvio: "Sono onorato signore, quindi avrò un aumento di stipendio per questo?"

Capo: "No, non ancora, ma arriverà presto, stai tranquillo."

VERBI - GERUND / FUTURO

Parole chiavi: Rest, saying, acting.

Ci ucciderà agendo in questo modo	He is going to kill us by acting like that
Da bambino era piuttosto magro	As a child, he was rather slim
Ha lasciato dire cose carine	He left saying nice things
In tal modo, le persone utilizzano meno acqua	In doing so, people use less water
Non si può vivere mentre si ha paura di morire	One cannot live while being afraid of dying
Detto questo, hai ragione	That being said, you are right
Le persone erano più efficaci agendo insieme	People were more effective by acting together
Date le vostre condizioni, avete bisogno di riposare	Given your condition, you need some rest
Detto questo, puoi ottenere la loro fiducia	By saying that, you may gain their trust
Non sarò libero domani	I will not be free tomorrow
Sarà bello domani	It will be nice tomorrow
Non ci sarà niente da vedere	There will be nothing to see
Potranno bere	They will be able to drink
Quindi dovrò fare una scelta	So I will have to make a choice

TEMPO DI ALLENAMENTO

MODALITÀ STORIA

INGLESE

"Are you having fun?" asked the park guide.

"Being here has always been on my list of things to do, so of course I am. For me, the action is always better than what is said, so I will show what I feel with a backflip." said Matteo.

Matteo's breathing was hard after the flips. He had not exercised for a long time, and that had an obvious effect on him.

"We at Simpleland, Paris, are happy to be part of your joy, sir, how can we help you?" The guide replied, while squeezing both hands together.

"Well, making a movie and skydiving are also at the top of the list." said Matteo.

"Parachuting is pretty risky, but where I come from, we have a saying, 'We can not live when we are afraid of death.'" "Maybe our mountain experience is a good substitute for the fun you're looking for." said the guide.

"That will do for now. Where is it?" Matteo asked.

"There in the west, sir." the guide pointed.

- oo O oo -

Barrister Lin: "These are the conditions of your parole, as delivered by Justice Russo."

1. "You will still need to have this anklet on you, so we can track your movements during the parole period."

2. "You will not, or will attempt to do anything that could constitute a public nuisance, within the time limit of your parole."

3. "You will return to the perimeter of the assigned premises at the time prescribed by your Parole Officer."

4. "Any violation of the aforementioned rules means that we will have to revoke your bond, and you will be sent back to prison."

Barrister Lin: "Are the terms clear to you?"

Agostino: "Yes sir, understood."

Barrister Lin: "Good. Now try to stay out of trouble."

ITALIANO

"Ti stai divertendo?" chiese la guida del parco.

"Essere qui è sempre stato nel mio elenco di cose da fare, quindi ovviamente lo sono. Per me, l'azione è sempre migliore di quello che viene detto, quindi mostrerò quello che sento con un salto all'indietro", ha detto Matteo.

Il respiro di Matteo era duro dopo i salti mortali. Non si esercitava da molto tempo e questo aveva un effetto evidente su di lui.

"Noi di Simpleland, a Parigi, siamo felici di far parte della tua gioia, signore, come possiamo aiutarti?" La guida rispose, stringendo le mani insieme.

"Bene, fare un film e il paracadutismo sono anche in cima alla lista." Disse Matteo.

"Il paracadutismo è piuttosto rischioso, ma da dove vengo, abbiamo un detto: 'Non possiamo vivere quando abbiamo paura della morte'. "Forse la nostra esperienza in montagna è un buon sostituto per il divertimento che stai cercando." disse la guida.

"Lo farò per ora. Dov'è?" chiese Matteo.

"Sono in Occidente, signore." la guida puntava.

- oo O oo –

Avvocato Lin: "Queste sono le condizioni della tua libertà condizionale, pronunciate da Justice Russo."

1. "Avrai ancora bisogno di avere questa cavigliera su di te, così possiamo monitorare i tuoi movimenti durante il periodo di libertà vigilata."

2. "Non tenterai, o tenterai di fare qualsiasi cosa che possa costituire una seccatura pubblica, entro il limite di tempo della tua libertà vigilata."

3. "Ritornerai al perimetro dei locali assegnati nel momento prescritto dal tuo Ufficiale delle Parole."

4. "Qualsiasi violazione delle suddette regole significa che dovremo revocare il tuo legame, e sarai rimandato in prigione."

Avvocato Lin: "I termini sono chiari?"

Agostino: "Sì signore, capito".

Avvocato Lin: "Bene. Adesso cerca di stare fuori dai guai."

VERBI - PRESENTE SOGGETTIVO

Parole chiavi: Although, live, life, react.

Nonostante	Even though
È necessario che vedano mia sorella	It is necessary that they see my sister
È bello che tu sia qui	It is good that you are here
È l'unico che ha bisogno di muoversi	He is the only one who needs to move
Sembra che non sia in grado di venire	It seems she is unable to come
Non sono sicuro che tu possa vedere i dettagli da una certa distanza	I am not sure that you can see details from a distance
Deve vedere suo figlio	He has to see his son
Voglio che siano miei amici	I want them to be my friends
Lei è l'unica che ha una macchina	She is the only one who has a car
Siamo lieti che abbia un avvocato	We are glad that he has a lawyer
È necessario che vedano nostro cugino	It is necessary that they see our cousin
Viva l'Italia	Long Live Italy
È necessario che chiuda la finestra	It is necessary that he closes the window
Devono diventare seri	They need to get serious
Non voglio che tu lo faccia	I do not want you to do it
È strano che lei lo dica	It is strange for her to say that
È importante che lei viaggi di più	It is important that she travels more
È importante cercare un lavoro	It is important that you look for a job
È importante che lei viva	It is important that she live

Non sono sicuro che stia facendo il suo lavoro	I am not sure that he is doing his work
La mamma vuole che tu chiuda la finestra	Mom wants you to close the window
Mi fa piacere che viaggi in questa stagione	I am pleased you travel in this season
Mi dispiace che stanno chiudendo il negozio	I am sorry that they are closing the store
È bello che tu stia vivendo qui	It is good that you are living here
Non vogliamo che tu reagisca male	We do not want you to react badly
È una robusta borsa per trasportare i tuoi libri	It is a sturdy bag for carrying your books
Si allenerà prima dell'estate	He is going to train before the summer comes
È necessario che entri rapidamente	It is necessary that he enter quickly

TEMPO DI ALLENAMENTO

MODALITÀ STORIA

INGLESE

Esposito: "Even though I often say no, I know it's difficult to find a job in this recession, so in the spirit of brotherhood, I'll leave money to buy food. But I will not always do so. And so, you have to find a legal way to make ends meet, and be self-sufficient."

Bianchi: "No problem big brother, thank you."

ITALIANO

Esposito: "Anche se dico spesso di no, so che è difficile trovare un lavoro in questa recessione, quindi nello spirito di fratellanza, lascerò soldi per comprare cibo. Ma non lo farò sempre. E quindi, devi trovare un modo legale per far quadrare i conti ed essere autosufficiente."

Bianchi: "Nessun problema, fratello maggiore, grazie."

VERBI - CONDIZIONATI

Parole chiavi: Could, should.

Si direbbe che è ricco	One would say that he is rich
Senza di esso, avrei ragione	Without it, I would be right
Dovresti dormire, figlio mio	You should sleep, my son
Sarebbe un buon marito	He would make a good husband
Dovremmo mangiare ora	We should eat now
Penso che potremmo essere buoni amici	I think that we could be good friends
Cosa saresti in grado di fare per amore?	What would you be able to do for love?
dovrei andare a letto	I should go to bed
Lo avremmo	We would have it
Ce ne potrebbero essere tre o quattro	There might be three or four of them
Direi che hai vent'anni	I would say that you are twenty
Se fossi in buona salute, sarei felice	If I were in good health, I would be happy
Nessun altro uomo potrebbe fare il mio lavoro	No other man could do my work
I miei amici vorrebbero andare	My friends would like to go
Quella donna sarebbe andata in Francia	That woman would be going to France
Mi piacerebbe mangiare	I would like to eat
She would like to sleep	She would like to sleep
Non sappiamo se a nostra figlia piacerebbe questa idea	We don't know if our daughter would like this idea
Ti piacerebbe andare	You would like to go

Mi piacerebbe bere il latte	I would like to drink milk
Vorremmo parlare inglese con i tuoi studenti	We would like to speak English with your students
Ti piacerebbe mangiare la stessa cosa?	Would you like to eat the same thing?
Matteo e Silvio vorrebbero andare in Africa	Matteo and Silvio would like to go to Africa
Non sono un uccello, ma mi piacerebbe esserlo	I am not a bird, but I would like to be one
Al giorno d'oggi, sarebbe sicuramente andata in prigione	Nowadays, she would certainly go to jail

TEMPO DI ALLENAMENTO

MODALITÀ STORIA

INGLESE

Mr. Rossi: "Young man, you look stressed, is everything okay?"

Young boy on the bridge: "I know; I would go so far as to say that I am depressed."

Mr. Rossi: "It's not good to hear, any reasons in particular?"

Young Boy: "That." he said, handing a brown envelope to Monsieur Rossi.

Mr. Rossi: "What is it?"

Young Boy: "A list of things I had hoped to accomplish at this stage of my life."

Mr. Rossi: "I see, how old are you?"

Young Boy: "Guess."

Mr. Rossi: "I would say that you are seventeen or eighteen years old."

Young Boy: "If you say seventeen, you would be right. I could read them out loud if you want to hear."

Mr. Rossi: "Of course, go ahead, I'm intrigued."

Young Boy: "Number one: At the age of eighteen, I would make a name for myself."

"Number 2. At the age of eighteen, I would go to France or a French-speaking country for a year."

"Number 3. At the age of eighteen, I would have made my first million."

That's it for now, my birthday is next week, and I'm still updating the list."

Mr. Rossi: "You are either a joker, or you worry unnecessarily: many of us have objectives that we will never reach in life. Many of us do not have a million or even a thousand."

Young Boy: "But most of the items on my list depend on number three."

Mr. Rossi: "Well, now that you know what to focus on, start working, things will be clearer and better, trust me."

Young Boy: "Thanks for the chat, I needed that."

ITALIANO

Signor Rossi: "Giovane, sembri stressato, va tutto bene?"

Giovane ragazzo sul ponte: "Lo so; Direi che sono depresso."

Signor Rossi: "Non è bello ascoltare, qualche motivo in particolare?"

Giovane ragazzo: "Quello." Disse, consegnando una busta marrone a Monsieur Rossi.

Signor Rossi: "Che cos'è?"

Giovane ragazzo: "Una lista di cose che speravo di realizzare in questa fase della mia vita."

Signor Rossi: "Capisco, quanti anni hai?"

Giovane ragazzo: "Indovina."

Signor Rossi: "Direi che hai diciassette o diciotto anni."

Giovane ragazzo: "Se dici diciassette, avresti ragione. Potrei leggerli ad alta voce se vuoi sentire."

Signor Rossi: "Certo, vai avanti, sono incuriosito."

Giovane ragazzo: "Numero uno: All'età di diciotto anni, vorrei fare un nome per me stesso."

"Numero 2. All'età di diciotto anni, andavo in Francia o in un paese di lingua francese per un anno."

"Numero 3. All'età di diciotto anni, avrei fatto il mio primo milione.

È tutto per ora, il mio compleanno è la prossima settimana e sto ancora aggiornando la lista."

Signor Rossi: "Sei un burlone o ti preoccupi inutilmente: molti di noi hanno obiettivi che non raggiungeremo mai nella vita. Molti di noi non ne hanno un milione o addirittura un migliaio."

Giovane ragazzo: "Ma la maggior parte degli articoli sulla mia lista dipende dal numero tre."

Signor Rossi: "Bene, ora che sai su cosa concentrarti, inizia a lavorare, le cose saranno più chiare e migliori, fidati di me."

Giovane ragazzo: "Grazie per la chat, ne avevo bisogno."

VERBI - PASSATO CONDIZIONATO

Parole chiavi: Recognized, watched, offered, detained.

Ci avrebbe fermato	He would have stopped us
Saresti andato al municipio	You would have gone to the city hall
No, sarebbe stato peggio	No, this would have been worse
Avrebbe riconosciuto la tua macchina	She would have recognized your car
Saremmo andati al negozio insieme	We would have gone to the store together
Saremmo stati pronti	We would have been ready
Senza quello, ti avremmo riconosciuto	Without that, we would have recognized you
Quelle parole sarebbero state le mie ultime	Those words would have been my last
Sono sicuro che saresti stato un ottimo medico	I am sure that you would have been a very good physician
Saresti andato alla scuola del villaggio	You would have gone to the village school
Avresti pagato di meno	You would have paid less
Lo avrebbe sottolineato	She would have emphasized that
Avrei presentato uno spettacolo	I would have presented a show
Avremmo guardato la televisione dopo la scuola	We would have watched television after school
Ci avrebbe offerto da bere	He'd have offered us a drink

MODALITÀ STORIA

INGLESE

Stranger 1: "I hate to say it, but I told you so.

I specifically insisted on the words 'do not look at him', he would have offered to buy us a drink, or you would have at least paid less."

Alfredo: "I'm sorry, there is still time, we can still go back."

Stranger 1: "There is no reason to, they would have already looked at the tapes. You showed fear. You were not ready to become this person when it was most needed.

"It was a good thing that we stopped when we did, otherwise we would have suffered the consequences of being captured again."

Alfredo: "Once again, I'm sorry."

ITALIANO

Straniero 1: "Odio dirlo, ma te l'ho detto.

Ho insistito in particolare sulle parole 'non guardarlo', si sarebbe offerto di comprarci un drink o avresti almeno pagato meno."

Alfredo: "Mi dispiace, c'è ancora tempo, possiamo ancora tornare indietro."

Straniero 1: "Non c'è motivo per, avrebbero già guardato i nastri. Hai mostrato paura. Non eri pronto a diventare questa persona quando era più necessario.

"E 'stata una buona cosa che ci siamo fermati quando abbiamo fatto, altrimenti avremmo sofferto le conseguenze di essere nuovamente catturati."

Alfredo: "Ancora una volta, mi dispiace."

VERBI - CONGIUNTO PASSATO

Parole chiavi: Eaten, too much, had, lost.

Siamo felici di aver oltrepassato il confine	We are happy that you have crossed the border
Non penso che abbia preparato questo palcoscenico	I do not think she prepared this stage
Sembra che sia stata malata	It seems like she has been sick
È il vestito più bello che abbia avuto	It is the most beautiful dress that she has had
Questi sono gli unici uomini che sono stati gentili con noi	These are the only men that have been nice to us
Questo è l'uomo più bello che abbia visto da tanto tempo	This is the most handsome man I have seen in a long time
Mi dispiace che tu abbia perso l'incontro	I am sorry that you missed the meeting
Non sono sicuro che tu abbia avuto abbastanza da mangiare	I am not sure you have had enough to eat
Non credo che Marco abbia aspettato troppo a lungo	I do not think Marco waited too long
Sembra che siano stati più precisi	It seems that they have been more precise
Sembra che sia stata malata	It seems that she has been sick
È bello che tu sia andato a Parigi	It is great that you have gone to Paris

Ci piace l'idea che sia andata al museo	We like the idea that she went to the museum
È bello che siamo andati allo zoo	It is good that we have gone to the zoo
È possibile che il marito sia tornato prima di sua moglie?	Is it possible that the husband returned before his wife?
Non capivo che mia nipote fosse rimasta in giardino	I did not understand that my niece had stayed in the garden
La loro madre ha paura che siano usciti senza i loro cappotti	Their mother is afraid that they have gone out without their coats
La mamma era felice che eravamo tornati così presto	Mom was happy that we had returned so early
Era meglio per lei morire a casa	It was better for her to have died at home
È logico che tu sia andato per primo	It is logical that you have gone first
Dubitavo che avesse finito il suo lavoro	I doubted that he had finished his work
Sono stato felice quando hai accettato l'offerta	I was delighted when you accepted the offer
Ero felice quando se ne andò	I was happy when he left
Ero sicuro che avrebbe guidato	I was sure that he would drive
Volevo che vedesse l'auto alla stazione	I wanted him to see the car at the station

TEMPO DI ALLENAMENTO

MODALITÀ STORIA

INGLESE

"My God, what has happened here?" asked the detective.

"She died this morning, she was diabetic." Romano said.

He pointed a picture of the deceased on the wall.

"I thought she went to the doctor this week." said Detective Gianluca.

"Nobody really knows much, she just came in, she fell to the ground, and that was all. But it's possible that it was a bad diagnosis, it looked very serious.

Also, the family started a protest, destroying everything in sight, claiming we had not done enough. We could sue them, but the legal process would be long, and I'm not really interested."

"We will discuss it later. For now, we will find out more." said the detective.

ITALIANO

"Mio Dio, cosa è successo qui?" chiese il detective.

"È morta stamattina, era diabetica." disse Romano.

Indicò una foto del defunto sul muro.

"Pensavo che fosse andata dal dottore questa settimana." Disse il detective Gianluca.

"Nessuno sa davvero molto, è appena entrata, è caduta a terra, e questo era tutto. Ma è possibile che fosse una cattiva diagnosi, sembrava molto seria.

Inoltre, la famiglia ha iniziato una protesta, distruggendo tutto in vista, sostenendo che non avevamo fatto abbastanza. Potremmo denunciarli, ma il processo legale sarebbe lungo e non mi interessa molto."

"Ne discuteremo più tardi. Per ora, scopriremo di più. " disse il detective.

CAPITOLO DUE

VOCI PASSIVE

Parole chiavi: Adopted, done, respected, read.

È amato dalla sua gente	He is loved by his people
È fatto dal computer	It is done by computer
È stato adottato da loro?	Has he been adopted by them?
Il bambino è stato adottato da mio zio e mia zia	The child has been adopted by my uncle and my aunt
Era amata da tutti	She was loved by everybody
Il tuo letto è stato fatto?	Was your bed made?
Il gatto è stato adottato da persone simpatiche	The cat has been adopted by nice people
È adottato da una coppia	He is adopted by a couple
È rispettato da tutti	He is respected by all
Quel documento è stato letto da mio padre	That document was read by my father
La moglie è rispettata da suo marito	The wife is respected by her husband
Le antiche tradizioni erano ancora rispettate	Old traditions were still respected
Il giornale è letto da un vasto pubblico	The newspaper is read by a wide audience

TEMPO DI ALLENAMENTO

MODALITÀ STORIA

INGLESE

Lorenzo: "Do not worry about the marking, everything is done by computer, just have a copy of your credentials. Once my virus reads the password of the registrar, we can Change as much as possible."

Mattia: "I really respect your hacking abilities."

Lorenzo: "Thanks, and if you like video games, we can play the new Adopted Suns game, or FIFA if you prefer. I have both, we can play all night if you wish."

Mattia: "Can I ask something?"

Lorenzo: "Yes, of course."

Mattia: "Why didn't we become friends earlier?"

Lorenzo: "I do not know either, my friend, but for now, all roads lead to the playground."

* laughs shared *

ITALIANO

Lorenzo: "Non preoccuparti della marcatura, tutto è fatto al computer, basta avere una copia delle tue credenziali. Una volta che il mio virus legge la password del registrar, possiamo cambiare il più possibile."

Mattia: "Rispetto davvero le tue capacità di hacking."

Lorenzo: "Grazie, e se ti piacciono i videogiochi, possiamo giocare al nuovo gioco Adopted Suns, o FIFA se preferisci. Ho entrambi, possiamo suonare tutta la notte se lo desideri."

Mattia: "Posso chiederti una cosa?"

Lorenzo: "Sì, certo."

Mattia: "Perché non siamo diventati amici prima?"

Lorenzo: "Neanche io, amico mio, ma per ora tutte le strade portano al parco giochi."

* risate condivise *

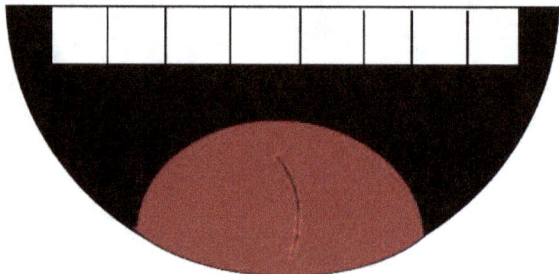

CAPITOLO TRE

PREPOSIZIONI

Parole chiavi: Until, in the middle of, next to, you must.

Fino a poco tempo fa	Until recently
Siamo accanto a te	We are next to you
Il ponte è vicino alla torre	The bridge is next to the tower
Vado a casa di mia figlia	I am going up to my daughter's house
Questo è a causa di questo lupo	This is because of this wolf
È vicina ai suoi figli	She is close to her children
Fin qui tutto bene	So far, so good
Il tempo era bello fino a mezzogiorno	The weather was fine until noon
Non può lavorare a causa della neve	He cannot work because of the snow
Vive alla porta accanto	He lives next door
Il leone mangia fino a notte	The lion eats until night
Secondo noi, sono cattivi	In our opinion, they are bad
Sono di fronte al forno	I am in front of the bakery
Che cosa mi stai dicendo?	What are you saying to me?
Ha trovato un topo nel mezzo della sua stanza	She found a mouse in the middle of her room
C'è una nuova compagnia fuori città	There is a new company outside the city
Devi stare vicino a tua madre	You have to stay close to your mother
Secondo mia moglie, sì	According to my wife, yes
Sto leggendo una rivista Inglese	I am reading an English magazine

I due fratelli stanno giocando fuori casa	The two brothers are playing outside the house
Mangio molta carne	I eat a lot of meat
È oltre la mia forza	It is beyond my strength
Cammina attraverso la sua camera da letto	He walks through his bedroom
Fino a poco tempo fa	

TEMPO DI ALLENAMENTO

È in cima all'edificio	It is on top of the building
Cosa c'è sotto la tua scrivania?	What is there under your desk?
Beve molta birra	He drinks a lot of beer
Il gatto è ai piedi della torre	The cat is at the foot of the tower
Indosso una giacca sotto il cappotto	I wear a jacket underneath my coat
Ho molti libri	I have a lot of books
Mise la chiave sopra la scatola	She put the key above the box
Vede attraverso le tende	She sees through the drapes
Devi scrivere il tuo nome in fondo alla pagina	You have to write your name at the bottom of the page

MODALITÀ STORIA

INGLESE

Mattia: "I do not know how I'm going to get by. Thanks to him, I could not get ready in time."

Bianchi: "How about sitting by the window?"

Mattia: "It's beyond me, I will not be able to see much."

Bianchi: "And if you sit in front of her, next to the Asian?"

Mattia: "It's as good as the examiner sitting on my head, and the Asian does not score as many points in the tests as the girl in blue."

Patrick: "You do not have to worry about anything, all exams can be passed if you have the right knowledge."

Mattia: "What are you talking about?"

Patrick: "From what I've heard, the examiner does not oppose handkerchiefs, just write a few points on one and read them under your desk."

ITALIANO

Mattia: "Non so come farò. Grazie a lui, non sono riuscito a prepararmi in tempo."

Bianchi: "Che ne dici di sederti vicino alla finestra?"

Mattia: "È oltre me, non potrò vedere molto."

Bianchi: "E se ti siedi davanti a lei, accanto all'asiatico?"

Mattia: "È buono come l'esaminatore seduto sulla mia testa e l'asiatico non segna tanti punti nei test come la ragazza in blu."

Patrick: "Non devi preoccuparti di nulla, tutti gli esami possono essere superati se hai le giuste conoscenze."

Mattia: "Di cosa stai parlando?"

Patrick: "Da quello che ho sentito, l'esaminatore non si oppone ai fazzoletti, basta scrivere alcuni punti su uno e leggerli sotto la scrivania."

CAPITOLO QUATTRO

ASTRATTI

Parole chiavi: Benefits, preparation, network, personality, identity, duty, maximum, minimum.

La chiave è la preparazione	The key is preparation
È un mistero	It is a mystery
La rete è molto grande	The network is very big
Mia madre ha bisogno di riposo	My mother needs rest
È arrivato in ritardo	He arrived with delay
Ogni parola ha il suo significato	Each word has its meaning
È un brutto pezzo	It is a bad piece
mi scuso per il ritardo	I am sorry for being late
È un vecchio trucco	It is an old trick
Non ha reazioni	He has no reaction
Ha la responsabilità	He bears responsibility
Quali sono i vantaggi?	What are the advantages?
La proposta è interessante	The proposition is interesting
Il mix perfetto	The perfect mix
Vogliono un rilancio	They want a raise
Il vantaggio è piccolo	The benefit is little
Le reazioni del pubblico sono positive	The public's reactions are positive
È un mix di colori	It is a mix of colors
La conclusione	The conclusion
Lei non ha personalità	She has no personality
L'ingresso è gratuito	Entry is free
È sotto shock	He is in shock
È un mezzo di protezione	It is a means of protection
Quell'uomo ha paura del cambiamento	That man is afraid of change

Alla fine perde il processo	He finally loses the trial

TEMPO DI ALLENAMENTO

Perché vogliono quei cambiamenti?	Why do they want those changes?
Che peccato!	What a pity!
Quel programma non esiste più	That programme does not exist any more
È la mia carta d'identità	It is my identity card
Ti piacciono gli incontri	You like meetings
Questo è il tuo dovere	That is your duty
Quella parola è di origine francese	That word is of French origin
Quell'incontro è stato molto lungo	That meeting was very long
Ho molti compiti da fare	I have a lot of homework to do
L'auto ha molti danni	The car has a lot of damage
È un passo importante	It is an important step
La luce	The light
Non ho molte opzioni	I do not have many options
Devo controllare il mio programma	I have to check my schedule
Grazie per il tuo invito	Thanks for your invitation
Non mi aiuti	You do not help me
ho bisogno di una pausa	I need a break
Preferisco questa versione	I prefer this version
Mi piace questa opzione	I like that option
Accendo la luce	I turn on the light

Grazie per l'aiuto	Thank you for your help
Esistono diverse versioni	Several versions exist
Le luci sono rosse	The lights are red
Ho bisogno di aiuto	I need help

TEMPO DI ALLENAMENTO

È una lunga assenza	It is a long absence
Il mio nome si trova nell'elenco	My name can be found in the list
Quante categorie?	How many categories?
Suo padre ha delle connessioni	His father has connections
Voglio due bambini al massimo	I want two children maximum
Lavoro un minimo di otto ore al giorno	I work a for a minimum of eight hours a day
Sono nella stessa categoria	I am in the same category
Non so nulla della loro relazione	I do not know anything about their relationship
Sono qui per la conferenza	I am here for the conference
Ha ricevuto una buona educazione	She received a good education
Ha portato il caso in tribunale	She has taken the case to court
Quest'uomo è in cattive condizioni	This man is in bad shape

MODALITÀ STORIA

INGLESE

Barrister Lin: "What a pity, the news of his imprisonment shocked me. This program already existed for people with bad personalities, which means that I still have to watch him, even if he loses this case."

Stranger 1: "What are our options now?"

Barrister Lin: "Fortunately for us, he has forged cordial relationships over the years with influential people from the Department of Education, some of whom are on the jury today, which means we can benefit from familiarity.

Although this is insignificant in the grand scheme of things, it is nevertheless an advantage, and we need all the little ones we can get. The lights are green for us in this case, and I think the good mix of factual evidence and compassion will take us somewhere."

Stranger 1: "It's good to hear."

Barrister Lin: "We'll talk more after the break … For now, let's go to the staff bar for some food."

Stranger 1: "Is it cheaper there?"

Barrister Lin: "We have nothing to pay, admission is free on Thursdays."

ITALIANO

Barrister Lin: "Che peccato, la notizia della sua prigionia mi ha scioccato. Questo programma esisteva già per le persone con cattive personalità, il che significa che devo ancora guardarlo, anche se perde questo caso."

Stranger 1: "Quali sono le nostre opzioni ora?"

Barrister Lin: "Fortunatamente per noi, ha forgiato relazioni cordiali nel corso degli anni con persone influenti del Dipartimento della Pubblica Istruzione, alcune delle quali fanno parte della giuria oggi, il che significa che possiamo beneficiare della familiarità.

Anche se questo è insignificante nel grande schema delle cose, è comunque un vantaggio e abbiamo bisogno di tutti i piccoli che possiamo ottenere. Le luci sono verdi per noi in questo caso, e penso che il buon mix di prove fattuali e compassione ci porterà da qualche parte."

Straniero 1: "È bello sentire."

Barrister Lin: "Parleremo di più dopo la pausa ... Per ora, andiamo al bar dello staff per un po 'di cibo."

Straniero 1: "È più economico lì?"

Barrister Lin: "Non abbiamo nulla da pagare, l'ingresso è gratuito il giovedì."

CAPITOLO CINQUE

NATURA

Parole chiavi: Mountain, sun, fire, sky, sea, nature, air, elements, ground, forest, grass, moon, smoke.

Fuoco	Fire
Il Sole	The sun
La pianta	The plant
Il vento	The wind
L'elemento	The element
Un albero	A tree
Il sole è nel cielo	The sun is in the sky
Lei vede il mare	She sees the sea
La natura è nostra madre	Nature is our mother
La nostra acqua non è inquinata	Our water is not polluted
L'aria è pura qui	The air is pure here
La luce è rossa	The light is red
Il cielo è blu	The sky is blue
Il mare è blu	The sea is blue
Mi piacciono i suoi fiori	I like his flowers
Dorme per terra	He sleeps on the ground
La specie è scomparsa	The species has disappeared
I campi sono gialli	The fields are yellow
Ben è sull'onda	Ben is on the wave
Rose	Roses
La nostra erba è verde	Our grass is green
Il lupo è nella foresta	The wolf is in the forest
Non mi piace la pioggia	I do not like rain
Vedo la luna	I see the moon

Mi piace il caldo	I like the heat
La pioggia è rara in quel paese	Rain is rare in that country
Lei guarda la montagna	She looks at the mountain

TEMPO DI ALLENAMENTO

I fiumi	The rivers
semi	Seeds
Il pianeta	The planet
La neve	The snow
Dov'è il vertice?	Where is the summit?
Il paesaggio	The landscape
Non è una stella	It is not a star
Il fumo è bianco	The smoke is white
Il fiume è pericoloso	The river is dangerous
Il paesaggio è meraviglioso	The landscape is wonderful
Puzzava di fumo	It smelled like smoke
Il pianeta è in pericolo	The planet is in danger
L'oceano è blu	The ocean is blue
Il lago è molto profondo	The lake is very deep
Il clima è molto bello	The climate is very nice
Il cloud è bianco	The cloud is white
C'è inquinamento	There is pollution
Fa bene all'ambiente	It is good for the environment
L'elettricità è molto utile	Electricity is very useful
Ha iniziato a nevicare	It started to snow

MODALITÀ STORIA

INGLESE

Mia: "Thanks for the flowers, I've been looking for this particular species everywhere."

Elisa: "Really, it's great because I brought enough for you to grow a forest."

Mia: "Unfortunately, it would be totally impossible to do here."

Elisa: "Why do you say that?"

Mia: "Personal experience. Plant species will never survive in this climate. There were okra seeds I bought last year, six months later, none of them survived."

Elisa: "It's unfortunate."

Mia: "Yes, and it's like that for several reasons: first, it's almost always raining, so this place is ridiculously cold all year long ... Secondly, the soil is just not good enough."

Elisa: "So why do you choose to live in such an environment?"

Mia: "The air is cleaner, with less traffic and industrial activity. When it stops raining, the birds whisper softly in the morning through my window and build nests with beautiful eggs inside."

Elisa: "I see."

ITALIANO

Mia: "Grazie per i fiori, ho cercato questa specie particolare ovunque."

Elisa: "Davvero, è fantastico perché ho portato abbastanza per farti crescere una foresta."

Mia: "Sfortunatamente, sarebbe assolutamente impossibile farlo qui."

Elisa: "Perché dici così?"

Mia: "Esperienza personale. Le specie vegetali non sopravviveranno mai in questo clima. C'erano semi di gombo che ho comprato l'anno scorso, sei mesi dopo, nessuno di loro è sopravvissuto."

Elisa: "È un peccato."

Mia: "Sì, ed è così per diversi motivi: in primo luogo, piove quasi sempre, quindi questo posto è ridicolmente freddo tutto l'anno ... In secondo luogo, il terreno non è abbastanza buono."

Elisa: "Allora perché scegli di vivere in un ambiente simile?"

Mia: "L'aria è più pulita, con meno traffico e attività industriale. Quando smette di piovere, gli uccelli bisbigliano dolcemente al mattino attraverso la mia finestra e costruiscono nidi con dentro bellissime uova."

Elisa: "Capisco."

CAPITOLO SEI

MATERIALI

Parole chiavi: Wood, oil, silver, leather, gold.

Il ghiaccio	The ice
La pietra	The stone
L'oro	The gold
Il legno	The wood
La carta	The paper
Lei ha molti soldi	She has a lot of money
Quel coltello è fatto di ferro	That knife is made of iron
Mi piace il ghiaccio	I like ice
Questo è oro	This is gold
I tuoi documenti, per favore	Your papers, please
Quel ponte è fatto di pietra	That bridge is made of stone
Quella scatola è fatta di carta	That box is made of paper
La porta è in acciaio	The door is made of steel
Le monete sono in metallo	Coins are made of metal
L'America è ricca di petrolio	America is rich in oil
La polvere è sul pavimento	The dust is on the floor
Questa plastica è verde	This plastic is green
La lana è di buona qualità	The wool is of good quality
Non mi piace la plastica	I do not like plastic
Questo gatto ha preso la mia lana	This cat has taken my wool
È secco come polvere	It is dry as dust

MODALITÀ STORIA

INGLESE

Gold, iron, oil, cotton, rubber. What do these five have in common? If you guessed they are all raw materials, then you would be right.

Raw materials are often natural substances that can be turned into new products through processing activities. Do not believe me? Look around you. The coins are metal. Your belts are leather. The forks and spoons you eat with, are mainly silver. Wood is another good example of raw material. After the treatment, the sawdust can also be used as raw material in the creation of another product.

ITALIANO

Oro, ferro, olio, cotone, gomma. Cos'hanno in comune questi cinque? Se hai indovinato che sono tutte materie prime, allora avresti ragione.

Le materie prime sono spesso sostanze naturali che possono essere trasformate in nuovi prodotti attraverso attività di trasformazione. Non mi credi? Guardati intorno. Le monete sono in metallo. Le tue cinture sono in pelle. Le forchette e i cucchiai con cui mangi sono principalmente d'argento. Il legno è un altro buon esempio di materia prima. Dopo il trattamento, la segatura può essere utilizzata anche come materia prima nella creazione di un altro prodotto.

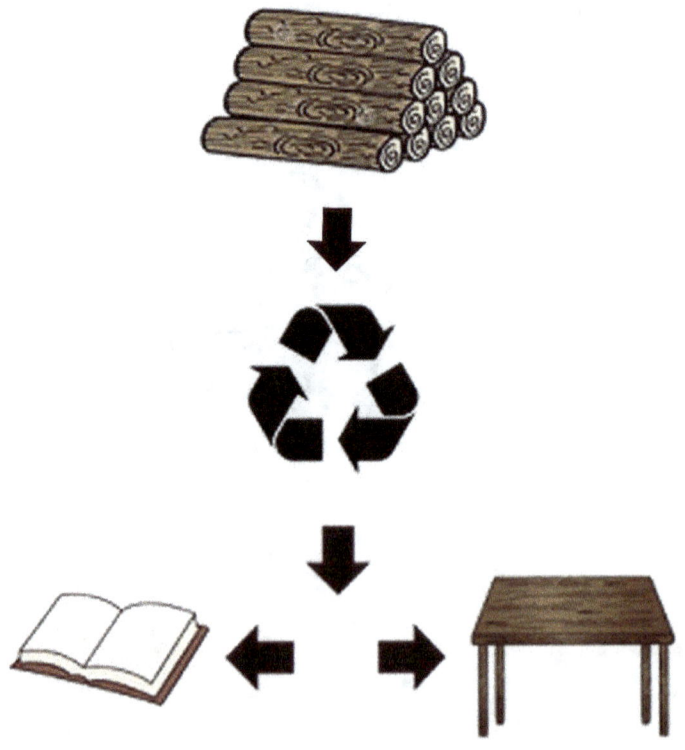

CAPITOLO SETTE

LE ARTI

Parole chiavi: Painting, music, poetry, artist, film, novel.

Il teatro	The theater
Il film	The movie
Il violino	The violin
Il poema	The poem
Il ritmo	The rhythm
L'artista	The artist
Le arti	The arts
Il Museo	The museum
Il cantante	The singer
Lo strumento	The instrument
È una nota musicale	It is a musical note
Hai il dipinto	You have the painting
È di moda quest'anno	It is in fashion this year
Questa performance non mi è piaciuta	I have not liked this performance
È un ottimo pezzo	It is a great piece
I suoi voti sono eccellenti	His marks are excellent
Sto guardando le opere di mia zia	I am looking at my aunt's works
Le mode di quest'anno sono completamente diverse	This year's fashions are completely different
Hai la vernice	You have the paint
È uno scrittore vivente?	Is he a living writer?
Voglio andare al cinema	I want to go to the cinema
Sono artisti	They are artists
A volte recitano poesie	Sometimes, they recite poems

È usato per guardare film	It is used for watching movies
Dove si trova il museo?	Where is the museum?

TEMPO DI ALLENAMENTO

La scena	The scene
Indosso una maschera	I wear a mask
Il design è diverso	The design is different
Dov'è il dipinto?	Where is the painting?
È per il mio romanzo	It is for my novel
Ascolto le canzoni	I listen to songs
Gli piace il piano	He likes the piano
È andata a quel concerto	She has gone to that concert
Voglio una chitarra	I want a guitar
L'attore parla con il re	The actor speaks with the king
Lui è un cantante	He is a singer
Gli attori	The actors
Nostro figlio ha tre chitarre	Our son has three guitars
A Giuseppe piace ascoltare il violino	Giuseppe likes to listen to the violin
Lui suona il pianoforte	He plays the piano
Uso la macchina fotografica	I use the camera
Sto disegnando una macchina	I am drawing a car
La fotografia è bellissima	The photograph is beautiful

Il musicista ha molti amici	The musician has a lot of friends
Gli piace la letteratura	He likes the literature
Mio zio ama l'architettura	My uncle loves architecture
Le telecamere	The cameras
Sta scattando fotografie	He is taking photographs
I due musicisti stanno suonando un'opera famosa	The two musicians are playing a famous work
La musicista sta arrivando con il suo violino	The musician is coming with her violin
In scena	On stage
Non gli piacciono le critiche	He does not like criticism
È una serie su un cane	It is a series about a dog
Adora scrivere poesie	She loves writing poems
Io canto sempre	I always sing
Le tue parole sono belle	Your words are beautiful
Sto scrivendo una poesia	I am writing a poem
Gli uccelli cantano	The birds sing
Non sono un critico	I am not a critic
Lei canta molto bene	She sings very well
Questa serie è molto recente	This series is very recent

TEMPO DI ALLENAMENTO

MODALITÀ STORIA

INGLESE

"It's a beautiful painting, I did not know you were artistic:" commented Mattia.

"Not as much as you think, but my sister is." Simone replied.

"She loves drawing, literature and music, and her poetry shows are always filled with rhymes and rhythms, you should see a show when you have the time.

On the other hand, the only artistic thing about me is that I can play both bass and electric guitar, and from time to time, I like to attend one or two dinners to meet real artists."

ITALIANO

"È un bellissimo dipinto, non sapevo che fossi artistico", ha commentato Mattia.

"Non tanto quanto pensi, ma lo è mia sorella." rispose Simone.

"Ama il disegno, la letteratura e la musica e i suoi spettacoli di poesie sono sempre pieni di rime e ritmi, dovresti vedere uno spettacolo quando hai tempo.

D'altra parte, l'unica cosa artistica su di me è che so suonare sia il basso che la chitarra elettrica e, di tanto in tanto, mi piace partecipare a una o due cene per incontrare veri artisti."

CAPITOLO OTTO

MISURE

Parole chiavi: Weight, speed, liter, tons, centimeters, kilograms, metric, volume, width, height, length.

Profondità	Depth
Altezza	Height
Ci sono mille chili in una tonnellata	There are a thousand kilos in a ton
Ci sono cento centimetri in un metro	There are one hundred centimeters in one meter
Ci sono venti chilometri al massimo	There are twenty kilometres at most
Ho un litro di vino	I have one litre of wine
Le lunghezze delle barche sono molto diverse	The lengths of the boats are very different
Un altro centimetro	Another centimeter
Mangia tonnellate di pesce	He eats tons of fish
La famiglia beve diversi litri di latte a settimana	The family drinks several litres of milk per week
C'è circa un chilometro tra casa mia e il mio ufficio	There is about one kilometer between my house and my office
Mangia un terzo della torta?	He eats one third of the cake?
Vuole metà della torta	He wants half of the cake
Quattro è due volte due	Four is two times two
Qual è il tuo peso?	What is your weight?

Di che taglia è?	What size is it?
La larghezza della porta è di ottanta centimetri	The width of the door is eighty centimeters
La profondità è importante	The depth is important
Qual'è la tua taglia?	What is your size?
Vuoi metà della mia mela?	Do you want half of my apple?
Otto è due volte quattro	Eight is two times four
Ha le dimensioni di un uovo	It is the size of an egg
Nella stanza accanto	In the next room

TEMPO DI ALLENAMENTO

La stanza ha la forma della piazza	The room has the shape of the square
Per me è lo stesso	It is all the same to me
Qual è la nuova velocità?	What is the new speed?
La mia cantina contiene tre metri cubi di legna da ardere	My cellar contains three cubic meters of firewood
Questi sono i lati	These are the sides
I lati di un quadrato sono uguali	The sides of a square are equal
È un romanzo in due volumi	It is a novel in two volumes
L'altezza di casa mia è di sette metri	The height of my house is seven metres

MODALITÀ STORIA

INGLESE

"How fast does the engine run?" asked Professor Makkonen, the silver-haired engineer, while testing his latest invention on the Elysee bridge.

"Nine- and three-square knots." said his assistant, who was holding a large speedometer.

"What are the height and weight requirements for a depth of eight kilometers below sea level?"

"Four tons and ten feet, sir."

"OK, it's good. Now, how much does it weigh compared to the previous one?" Professor Makkonen asked

"It usually depends on its width and the amount of moisture it contains, and on this point, the two are almost equal; sixty-two to sixty-five pounds," the assistant explained.

"Yes, but it consumes a third of the power of its predecessor, but it also has a greater total distance ninety centimeters to two meters, unlike fifty centimeters to one meter, so there is a difference." said the proffessor. The assistant took out his notebook and scribbled some figures.

ITALIANO

"Quanto è veloce il motore?" chiese il professor Makkonen, l'ingegnere dai capelli d'argento, mentre stava testando la sua ultima invenzione sul ponte Elysee.

"Nove e tre nodi quadrati" disse il suo assistente, che aveva in mano un grosso tachimetro.

"Quali sono i requisiti di altezza e peso per una profondità di otto chilometri sotto il livello del mare?"

"Quattro tonnellate e dieci piedi, signore."

"Ok va bene. Ora, quanto pesa rispetto al precedente?" chiese il professor Makkonen

"Di solito dipende dalla sua larghezza e dalla quantità di umidità che contiene, e su questo punto, i due sono quasi uguali; da sessantadue a sessantacinque libbre", spiegò l'assistente.

"Sì, ma consuma un terzo della potenza del suo predecessore, ma ha anche una distanza totale maggiore da novanta centimetri a due metri, a differenza di cinquanta centimetri a un metro, quindi c'è una differenza", ha detto il proffessor.

L'assistente estrasse il suo quaderno e scarabocchiò alcune figure.

CAPITOLO NOVE

MEDICO

Parole chiavi: Clinic, patients, doctor, health, operation.

La mano	The hand
Il naso	The nose
L'orecchio	The ear
Il braccio	The arm
L'occhio	The eye
Il corpo	The body
Il piede	The foot
La bocca	The mouth
Il retro	The back
Queste sono le nostre teste	These are our heads
Il dottore	The doctor
Il suo cuore è cattivo	His heart is bad
Ha avuto difficoltà a trovarti	He had a hard time finding you
Sono malati	They are sick
Lei ha una testa piccola	She has a small head
Questa è la mia mano	That is my hand
È cattivo o pericoloso?	Is it bad or dangerous?
Sono malati	They are sick
I suoi occhi sono blu	Her eyes are blue
Ha una grande bocca	He has a big mouth
Non è la mia età	That is not my age
Perché questa operazione?	Why this operation?

Mio figlio è piccolo per la sua età	My son is small for his age
Il sangue è rosso	The blood is red
Ho bisogno di un intervento?	Do I need an operation?
Andiamo a lavorare a piedi	We go to work on foot
Quindi aprì la bocca	Then she opened her mouth
Ha due piedi sinistri	He has two left feet
È l'età minima	It is the minimum age
Le sue gambe sono lunghe	Her legs are long
La sua fronte è grande	His forehead is big
Le sue labbra sono blu	Her lips are blue
La tua faccia è rossa	Your face is red
Sento l'odore del naso	I smell with my nose

TEMPO DI ALLENAMENTO

Salute	Health
Il cervello	The brain
Il dentista	The dentist
L'ospedale	The hospital
Il collo	The neck
Il dottore	The doctor
La sua pelle è morbida	Her skin is soft
Ho le dita grandi, quindi non posso usare una tastiera piccola	I have big fingers, so I cannot use a small keyboard
La tua fronte è calda	Your forehead is hot
Ha un viso molto carino	She has a very pretty face
Ho una gamba dolorante	I have a sore leg
Ho la pelle secca	I have dry skin
La signora mangiò con le dita	The lady ate with her fingers
Lei ha due gambe	She has two legs

Mi sono tagliato un dito con un coltello	I cut my finger with a knife
La sua pelle è fredda	His skin is cold
Il bambino sta dentando	The child is teething
La sua malattia è grave	Her illness is serious
Il rischio è troppo grande	The risk is too great
Ho le lacrime agli occhi	I have tears in my eyes
La mia dieta è dura	My diet is hard
Sento il vento sul mio collo	I feel the wind on my neck
Un dente, due denti	One tooth, two teeth
È a dieta	He is on a diet
Mia madre era in lacrime	My mother was in tears

TEMPO DI ALLENAMENTO

Ha perso la vista	He lost his sight
Il suo petto è rosso	His chest is red
La tua gola è rossa	Your throat is red
Tuo fratello è un dottore	Your brother is a doctor
Gli fanno male le orecchie	His ears hurt
Entrambi sono dottori	Both of them are doctors
Lei ha un virus	She has a virus
Quella tigre ha una pelliccia lucida	That tiger has shiny fur
Lei è un medico	She is a medical doctor
E i pazienti sono vecchi	And the patients are old
L'osso è bianco	The bone is white

Il cervello è molto sensibile	The brain is very sensitive
Il nostro paziente è nelle stesse condizioni	Our patient is in the same condition
La medicina sta andando male	Medicine is doing badly
Compriamo medicine in farmacia	We buy medicine at the pharmacy
Ho una bella vita	I have a good life
Il cuore è un organo	The heart is an organ
Ho dolore alla spalla	I have pain in my shoulder
Consulterà suo marito	She is going to consult her husband
Prima, le mie guance erano rosse	Before, my cheeks were red
Abbiamo parlato delle nostre vite	We spoke about our lives
Devi prendere le tue medicine	You must take your medication
Devo andare in farmacia	I have to go to the pharmacy
Questa infermiera lavora in quella clinica	This nurse works in that clinic
Scusa per la tua caviglia	Sorry for your ankle
Le mie unghie sono corte	My nails are short
Questo muscolo fa male	This muscle hurts
Cresci mentre dormi	You grow while you sleep
Lo stomaco è un organo	The stomach is an organ
Devo vedere un dentista	I have to see a dentist
Il bambino sta crescendo	The child is growing
Devo proteggere le mie caviglie e i miei piedi	I have to protect my ankles and my feet
Penso che sia diventato un'infermiera	I think he has become a nurse

MODALITÀ STORIA

INGLESE

Marco: "Why are you out of breath?"

Mia: "I was walking very fast."

Marco: "Why, it's not a good idea, considering your injury."

Mia: "I felt a burning sensation in my chest, so I rushed to the pharmacy for self-treatment."

Marco: "Oh, but when did you become a doctor? and why not go to the hospital instead?"

Mia: "Because I do not like the smell of hospitals, it irritates my nose and bends my stomach ... Moreover, there are so many patients everywhere, and sometimes I'm afraid that there is a virus in the air."

Marco: "I can understand, my uncle continued to say similar things until the operation on his heart last year, he needed a donor organ, but there was none, so now he is dead."

Mia: "You always have a horror story to tell, sorry for your uncle."

Marco: "Sorry for your ankle too, and do not worry, everything will be fine, make sure you take your medicine and stay away from the bikes for a while."

ITALIANO

Marco: "Perché sei senza fiato?"

Mia: "Stavo camminando molto velocemente."

Marco: "Perché, non è una buona idea, considerando il tuo infortunio."

Mia: "Ho sentito una sensazione di bruciore al petto, quindi mi sono precipitato in farmacia per l'autotrattamento."

Marco: "Oh, ma quando sei diventato medico? e perché non andare in ospedale invece?"

Mia: "Perché non mi piace l'odore degli ospedali, mi irrita il naso e mi fa male allo stomaco ... Inoltre, ci sono così tanti pazienti ovunque, e talvolta temo che ci sia un virus nell'aria."

Marco: "Posso capire, mio zio ha continuato a dire cose simili fino all'operazione sul suo cuore l'anno scorso, aveva bisogno di un organo donatore, ma non ce n'era nessuno, quindi ora è morto."

Mia: "Hai sempre una storia dell'orrore da raccontare, scusa per tuo zio."

Marco: "Scusami anche per la tua caviglia, e non preoccuparti, andrà tutto bene, assicurati di prendere le tue medicine e di stare lontano dalle bici per un po."

CAPITOLO DIECI

POLITICA

Parole chiavi: Democracy, president, budget, power, vote, election, mayor, taxes, law, government.

L'esercito	The army
La libertà	The liberty
L'economia	The economy
Il governo	The government
La legge	The law
Ogni società ha le sue leggi	Each society has its laws
Lo sviluppo economico è importante per quel paese	Economic development is important for that country
Questo paese è contro la guerra	This country is against war
Il re ha potere?	Does the king have power?
È il tuo diritto	It is your right
Hai dei diritti	You have rights
Non ha alcun potere	He does not have any powers
Questo non è sempre il caso in tutte le società	This is not always the case in all societies
Il presidente parla con il governo	The president talks to the government
È un buon accordo	It is a good agreement
La festa del popolo	The party of the people
Alla gente piace la libertà	The people like freedom
È a una festa	He is in a party
La crisi economica	The economic crisis
La rivoluzione silenziosa	The quiet revolution

Il motivo è la sicurezza	The reason is security
È giustizia?	Is that justice?
Le politiche	The policies
Lavora per la difesa del suo paese	She works for the defense of her country

TEMPO DI ALLENAMENTO

È una politica	It is a policy
La sicurezza è importante	Safety is important
Sviluppo, giustizia, libertà	Development, justice, freedom
Il ministro ha tenuto un discorso importante questa mattina	The minister has made a major speech this morning
Siamo la maggioranza	We are the majority
Non vogliamo violenza	We do not want violence
È il più grande partito di opposizione	It is the biggest opposition party
I ministri europei ci sono	European ministers are there
È un partito dell'opposizione	It is a party of the opposition
Non c'è quasi violenza in questo paese	There is almost no violence in this country
La maggioranza ha paura	The majority is afraid
Questa signora è nell'opposizione	This lady is in the opposition
In quella città, non c'è quasi violenza	In that city, there is almost no violence
I candidati	The candidates
L'organizzazione	The organization
Le elezioni sono domani	The election is tomorrow
Sarò sindaco	I am going to be mayor
Il budget è molto importante	The budget is very important
Sono qui per pagare un debito	I am here to pay a debt

Il conflitto dura trent'anni	The conflict lasts thirty years
Abbiamo avuto un debito d'onore	We had a debt of honor
È lui il sindaco?	Is he the mayor?
È la strategia giusta?	Is it the right strategy?
Cos'è una nazione?	What is a nation?
Il sindaco è nel municipio	The mayor is in city hall

TEMPO DI ALLENAMENTO

Quell'evento lo ha reso famoso	That event made him famous
È un crimine di guerra	It is a war crime
Dobbiamo pagare le tasse	We have to pay tax
L'assemblea nazionale è a Parigi	The national assembly is in Paris
Devo pagare le mie tasse	I have to pay my taxes
Le strategie saranno nazionali	The strategies will be national
Avevo conosciuto eventi più felici	I had known happier events
La dimostrazione è un successo	The demonstration is a success
Non c'è voto	There is no vote
È un senatore?	Is he a senator?
È abbastanza grande per votare	She is old enough to vote

Noi crediamo nella democrazia	We believe in democracy
Ha molti amici in parlamento	He has a lot of friends in the parliament
L'Italia è una democrazia	Italy is a democracy
La dimostrazione è iniziata	The demonstration has begun
Il Parlamento è più potente, deve quindi essere più responsabile	Parliament is more powerful, it must therefore be more responsible
Questo è il voto della maggioranza	This is the vote of the majority
È un senatore	He is a senator
Lei conduce	She conducts
Dobbiamo lottare per la nostra libertà	We have to fight for our freedom
Lei gestisce la sua famiglia	She runs her family
Sta andando a Parigi	He is heading for Paris
Non posso combattere contro la politica del sindaco da solo	I cannot fight against the mayor's politics all alone
Gestisce un ristorante ed è rispettato da tutti	He manages a restaurant and is respected by all

TEMPO DI ALLENAMENTO

MODALITÀ STORIA

INGLESE

"I have never been able to understand the monarchy system of government."said Marco. "Why is there at the same time a king, a prime minister and a president? Does the king have special powers or is he above the law?"

"I do not really understand myself, but I guess the monarch's role is to be the physical manifestation of a country's power, all the work is done by the prime minister or the president." said Mia.

"Speaking of presidents, America has a new one." he said, brandishing a baseball cap with the letters M.A.S.A sewn on it.

"The man has nothing to offer as president, he has no respect for women, and there is no proof that he pays his taxes, he is simply a danger to society." said Mia.

"Yesterday's election was rigged, and if there is justice in this world, it would already be canceled."

"I do not agree, he just had a better strategy." said Marco. "I believe in democracy, which puts power in the votes of the people. The results are the voices of popular opinion. America now has a new direction, which is a revolution against the status quo."

ITALIANO

"Non sono mai stato in grado di comprendere il sistema di governo della monarchia", ha detto Marco. "Perché c'è allo stesso tempo un re, un primo ministro e un presidente? Il re ha poteri speciali o è al di sopra della legge?"

"Non capisco davvero me stesso, ma immagino che il ruolo del monarca sia quello di essere la manifestazione fisica del potere di un paese, tutto il lavoro è svolto dal primo ministro o dal presidente", ha detto Mia.

"Parlando di presidenti, l'America ne ha uno nuovo." Disse, brandendo un cappellino da baseball con le lettere di M.A.S.A cucite su di esso.

"L'uomo non ha nulla da offrire come presidente, non ha rispetto per le donne e non ci sono prove che paghi le tasse, è semplicemente un pericolo per la società", ha detto Mia.

"L'elezione di ieri è stata truccata, e se ci fosse giustizia in questo mondo, sarebbe già cancellata".

"Non sono d'accordo, ha appena avuto una strategia migliore", ha detto Marco. "Credo nella democrazia, che mette il potere nei voti delle persone. I risultati sono le voci dell'opinione popolare. L'America ora ha una nuova direzione, che è una rivoluzione contro lo status quo."

CAPITOLO ELEVEN
ISTRUZIONE

Parole chiavi: Semester, course, school, pencil, lessons, studies, university, school, students.

Lo studente	The student
La scuola	The school
La Biblioteca	The library
Il regista	The director
Sono in classe	I am in the class
Questo corso è molto difficile	This course is very difficult
Questo studio è molto importante	This study is very important
Lavora nell'istruzione	He works in education
I bambini sono bravi studenti	The children are good students
Non gli piaceva la scuola	He has not liked school
Deve completare i suoi studi	He needs to complete his studies
Gli studenti bevono vino	The students are drinking wine
devo studiare	I have to study
Mio figlio è alle superiori	My son is in secondary school
Va in due università	She goes to two universities
Un vero esercizio intellettuale	A true intellectual exercise
Questa è una buona biblioteca	This is a good library
Sono stato uno studente	I have been a student

Alcuni studenti bevono vino	Some students drink wine
Mio fratello è uno studente	My brother is a student
Il mio piano è studiare in Australia	My plan is to study in Australia
Scriviamo script	We write scripts
Ho perso la matita	I have lost my pencil
Abbiamo sei lezioni al giorno	We have six lessons per day
Il tentativo è buono	The attempt is good

TEMPO DI ALLENAMENTO

Il corso	The course
Ha avuto un allenamento classico	He has had a classical training
Questa è la sua descrizione	This is her description
È il suo primo semestre	It is his first semester
Sta migliorando le sue linee	He is improving his lines
La seconda lezione è molto semplice	The second lesson is very easy
Ci sono trenta matite e dieci bambini	There are thirty pencils and ten children
Il cameriere è un principiante	The waiter is a beginner
Alla fine ho superato l'esame	Finally, I passed the exam

MODALITÀ STORIA

INGLESE

Leonardo: "In a way, I knew I would find you in the library."

Mia: "I have to be here. For an extra credit, I signed up for an application development course, which means I have to go through a recommended text called" Application Development Principles "and take a test this week."

Leonardo: "I see, it's good for you. But i'm tired of school, and it's very likely that I will not go to the next class."

Mia: "We are no longer in high school; every lesson must be taken seriously."

Leonardo: "Or what?"

Mia: "Is it not obvious? or you'll fail."

Leonardo: "To be honest, I prefer to run the family business, but my father insists that I have to finish my studies first. Contemporary university education is not very important to me, so I'm really not afraid of an F."

Mia: "I understand where you come from, but I do not agree with your point of view on the value of education education is the key to developing a society, so it must be taken seriously."

ITALIANO

Leonardo: "In un certo senso, sapevo che ti avrei trovato in biblioteca."

Mia: "Devo essere qui. Per un credito extra, mi sono iscritto a un corso di sviluppo di applicazioni, il che significa che devo passare attraverso un testo raccomandato chiamato "Principi di sviluppo delle applicazioni" e fare un test questa settimana."

Leonardo: "Capisco, fa bene a te. Ma sono stanco della scuola ed è molto probabile che non andrò alla prossima lezione."

Mia: "Non siamo più al liceo; ogni lezione deve essere presa sul serio."

Leonardo: "O cosa?"

Mia: "Non è ovvio? o fallirai."

Leonardo: "Ad essere sincero, preferisco gestire l'azienda di famiglia, ma mio padre insiste sul fatto che devo prima finire i miei studi. L'istruzione universitaria contemporanea non è molto importante per me, quindi non ho davvero paura di una F."

Mia: "Capisco da dove vieni, ma non sono d'accordo con il tuo punto di vista sul valore dell'educazione: l'educazione è la chiave per lo sviluppo di una società, quindi deve essere presa sul serio."

CAPITOLO DODICI

IMPERATIVI

Parole chiavi: Stop, forget, take, listen, speak, change, shut up, do, look, write, send.

Partire	Go
Immagina di avere ragione	Imagine that you are right
Non fare così tanto rumore	Do not make so much noise
Non sparare prima del mio ordine	Do not shoot before my order
Guarda questo problema come un'opportunità	Look at this issue as an opportunity
Camminiamo	Let's walk
Non sparare	Don't shoot
Cambia il disco	Change the disc
Prepara i panini	Make the sandwiches
Immagina di avere vent'anni	Imagine that you are twenty years old
Andare al parco	Go to the park
Facciamo un'insalata	Let's make a salad
Metti il romanzo sul tavolo	Put the novel on the table
Scegli l'uno o l'altro	Choose one or the other
Vieni quando vuoi	Come whenever you want
Guarda cosa hai fatto	Look what you did
Invia loro ciò che era previsto	Send them what was planned
Dimentica quella ragazza	Forget that girl
Lasciatemi spiegare	Let me explain

Mandami un messaggio stasera	Send me a message tonight
Guarda la pagina successiva	Look at the next page
Non venire qui	Do not come here
Mettiti il cappello, figlio mio	Put on your hat my son
Scegli un piatto	Choose a plate
Per favore, diciamo un'ultima parola	Please let us say a last word

TEMPO DI ALLENAMENTO

Fermare	Stop
Non essere infelice	Don't be unhappy
Mangia meno pane	Eat less bread
Ascolta te stesso	Listen to yourself
Beviamo il tè	Let's drink tea
Corri, sei in ritardo	Run, you are late
Vai avanti di dieci passi	Go forward ten steps
Mangia le fragole	Eat the strawberries
Siamo forti	Let's be strong
Ascolta amico mio	Listen my friend
Bevi il tuo latte, figlio mio	Drink your milk, my son
Smettila di guardarmi così	Stop looking at me like that
Dai, la luce è verde	Go on, the light is green
Fai silenzio quando parlo	Be quiet when I speak
Dammi quel foglio	Give me that paper
Prendi ciò che ti appartiene	Take what belongs to you
Scrivi qui il tuo indirizzo	Write your address here
Dimmi, sei innamorato?	Tell me, are you in love?
Ci scusi per il ritardo	Excuse us for being late
Non leggere un libro del genere	Do not read such a book

MODALITÀ STORIA

INGLESE

Leonardo: "Excuse me, I missed the first train and I had to catch another one, besides, I do not think the first five minutes count a lot".

Maria: "Next time, I'll start alone."

Leonardo: "I understand, I'll compensate you."

Maria: "Definitely, choose from this list and tell me how you want to start."

1. Wash our dishes for a week.

2. Remain silent for one hour.

3. Write an essay that explains why you will never be late again.

4. Buy me The Simple Way To Learn Spanish, volume two.

5. Forget about television for a week.

6. Run three times a week with me.

7. Give me all your monthly income.

8. Send me a text message that says 'Hi, I love you' every day, until the end of the month.

9. Let me play all your free throws every time you play NBA with Patricio.

ITALIANO

Leonardo: "Mi scusi, ho perso il primo treno e ho dovuto prenderne un altro, inoltre, non credo che i primi cinque minuti contino molto."

Maria: "La prossima volta, inizierò da solo."

Leonardo: "Capisco, ti compenserò."

Maria: "Sicuramente, scegli da questo elenco e dimmi come vuoi iniziare."

1. Lavare i nostri piatti per una settimana.

2. Rimanere in silenzio per un'ora.

3. Scrivi un saggio che spiega perché non sarai mai più in ritardo.

4. Comprami Il modo semplice di imparare lo spagnolo, volume due.

5. Dimentica la televisione per una settimana.

6. Corri tre volte a settimana con me.

7. Dammi tutto il tuo reddito mensile.

8. Inviami un messaggio di testo che dice "Ciao, ti amo" ogni giorno, fino alla fine del mese.

9. Fammi giocare tutti i tuoi tiri gratuiti ogni volta che giochi alla NBA con Patricio.

CAPITOLO TREDICI

SCIENZA

Parole chiavi: Technology, calculations, invention, analysis, formula, research, matter, theory.

Il cerchio	The circle
L'atmosfera	The atmosphere
Ho fatto una scoperta	I made a discovery
sono online	I am online
La materia prima è rara	The raw material is rare
La ricerca è globale	The search is global
Non è il mio punto di forza	It is not my strong point
L'energia viene dal sole	The energy comes from the sun
In teoria, Sì	In theory, Yes
La funzione di questa apparecchiatura è semplice	The function of this equipment is simple
Come vanno le linee?	How are the lines?
Ho una camicia con punti bianchi e neri	I have a shirt with black and white dots
Questa è una grande quantità di energia	This is a large quantity of energy
Mi piacciono le scienze fisiche	I like the physical sciences
Puoi spiegare la formula	You can explain the formula
Lei avvia l'analisi	She starts the analysis
Non mi piacciono i tuoi metodi	I do not like your methods
Le loro analisi sono buone	Their analyses are good

La scienza è importante	Science is important
Questo metodo offre due vantaggi	This method offers two advantages
È la formula di questo medicinale	It is the formula of this medicine
La scienza non è perfetta	Science is not perfect
L'analisi viene eseguita in due fasi	The analysis is done in two stages

TEMPO DI ALLENAMENTO

La temperatura scende	The temperature drops
È una questione di scala	It is a question of scale
Il cerchio è rosso	The circle is red
Lo scienziato	The scientist
Lei conosce i suoi limiti	She knows her limits
Sono tre gradi questa sera	It is three degrees this evening
Non è un'invenzione	It is not an invention
Devo saperlo	I must know it
Il raggio del cerchio	The radius of the circle
Non gli piace la matematica	He does not like mathematics

MODALITÀ STORIA

INGLESE

J.D Moneyfella: "Is it going to work this time? It does not seem possible to me."

Professor Makkonen: "To a certain extent, yes."

J.D Moneyfella: "And do you believe that your invention will help to reach it?"

Professor Makkonen: "Sir, nothing is impossible with science, I think we have the right technology now, according to my calculations, we will also need raw materials, as described in the research paper."

J.D Moneyfella: "I do not doubt the extent of your knowledge, but so far, all we have done is circulate the problem. We are where we started. At this point, it is safe to say that there are limits to our understanding of the subject, even for you."

Professor Makkonen: "On the contrary, sir, this formula suggests that there could be many other ways to explore it."

J.D Moneyfella: "Mathematics does not interest me, Professor, it will never be the case."

ITALIANO

J.D Moneyfella: "Funzionerà questa volta? Non mi sembra possibile."

Professor Makkonen: "In una certa misura, sì."

J.D Moneyfella: "E credi che la tua invenzione aiuterà a raggiungerla?"

Professor Makkonen: "Signore, nulla è impossibile con la scienza, penso che ora abbiamo la tecnologia giusta, secondo i miei calcoli, avremo anche bisogno di materie prime, come descritto nel documento di ricerca."

J.D Moneyfella: "Non dubito della portata delle tue conoscenze, ma finora tutto ciò che abbiamo fatto è far circolare il problema. Siamo da dove abbiamo iniziato. A questo punto, è sicuro di dire che ci sono limiti alla nostra comprensione della materia, anche per te."

Professor Makkonen: "Al contrario, signore, questa formula suggerisce che potrebbero esserci molti altri modi per esplorarla."

J.D Moneyfella: "La matematica non mi interessa, professore, non sarà mai il caso."

CAPITOLO QUATTRO

TRASPORTO

Parole chiavi: Flight, bus, ticket, passport, station, airport, metro, plane, motorcycle, train, travel, boat.

Il bus	The bus
Il taxi	The taxi
La stazione	The station
L'aeroplano	The airplane
Il treno	The train
La motocicletta	The motorcycle
La guida	The guide
La metropolitana	The subway
Il motore	The motor
Un aeroporto	An airport
Il passaporto	The passport
Fai un buon viaggio	Have a good trip
La barca scende lungo il fiume	The boat goes down the river
Dove sta andando questo treno?	Where is this train going?
L'auto ha un nuovo motore	The car has a new engine
Dov'è il treno per Londra?	Where is the train to London?
Tre classi di barche	Three classes of boats
Dov'è la stazione?	Where is the station?
Il viaggio è lungo?	The trip is long?
Alcune barche sono sul lago	A few boats are on the lake
Io volo	I fly
Sai guidare?	Do you know how to drive?
Dove sono le mie ali?	Where are my wings?
La moto è gialla	The motorcycle is yellow
Vado dall'aeroporto	I walk from the airport

Il mio aereo sta volando in Francia	My plane is flying to France
I nemici sorvolano il paesaggio	The enemies fly over the landscape
Mi piace il clima Africano	I like the African climate
L'Asia è un continente	Asia is a continent

TEMPO DI ALLENAMENTO

Parlo spagnolo	I speak Spanish
La benzina è per la mia macchina	The petrol is for my car
Un'auto ha un volante	A car has a steering wheel
È un biglietto gratuito	It is a free ticket
Dov'è l'autobus per Stratford?	Where is the bus to Stratford?
La donna parla Francese	The woman speaks French
Cambia la gomma della tua auto!	Change the tire of your car!
I turisti visitano il museo	The tourists visit the museum
Sono i passeggeri del bus	They are the passengers of the bus
Non mi visiti	You do not visit me
Hai il passaporto?	Do you have your passport?
Il turista ha una valigia blu	The tourist has a blue suitcase
Gli italiani bevono vino durante la cena	Italians drink wine with their dinner
Siamo i passeggeri	We are the passengers
Lui sta guidando	He is driving
Il tuo viaggio inizia qui	Your journey starts here

L'infermiera sta parcheggiando la sua macchina	The nurse is parking her car
Ha un incidente d'auto	He has a car accident
Eravamo in ritardo a causa del traffico	We were late because of the traffic
Da quando guidiamo?	Since when do we drive?
Quindi, acceleriamo o rallentiamo?	So, do we speed up or slow down?
Non sei in questo mondo	You are not in this world
Sono veloce	I am fast
È un treno diretto?	Is it a direct train?
È pericoloso accelerare qui	It is dangerous to accelerate here
Devi rallentare quando la luce è arancione	You have to slow down when the light is orange
Siamo stati veloci	We have been fast

MODALITÀ STORIA

INGLESE

Lorenzo: "What are you doing with the car keys?"

Pietro: "I want to change the tires of the car and examine the engine. My brother and I will go to Marseille Provence airport later today."

Lorenzo: "Where are you travelling to?"

Pietro: "Caen."

Lorenzo: "Why do you need a flight? it will take only a few hours of driving. Transportation is cheaper by road than by plane, unless you just want to burn francs."

Pietro: "I know this. Ideally, I would have liked to go on my bike, or bus, but the traffic is very difficult in the morning, and I would like to get there sooner. In addition, like other passengers on board, I can afford it."

Lorenzo: "I think it's a waste of money. I used to fly to London from Italy frequentlỳ, but I would never have spent such an amount at a distance like this. If it's the speed and the price you prefer, I'll say go with the trains."

Pietro: "I'm tempted not to take your advice after what happened with the exams, but you've always delivered, and I personally love trains. Especially the Eurostar trains."

ITALIANO

Lorenzo: "Cosa stai facendo con le chiavi della macchina?"

Pietro: "Voglio cambiare le gomme dell'auto ed esaminare il motore. Mio fratello e io andremo all'aeroporto di Marsiglia Provenza più tardi oggi."

Lorenzo: "Dove stai andando?"

Pietro: "Caen."

Lorenzo: "Perché hai bisogno di un volo? ci vorranno solo poche ore di guida. Il trasporto è più economico su strada che in aereo, a meno che tu non voglia solo bruciare franchi."

Pietro: "Lo so. Idealmente, mi sarebbe piaciuto andare in bici o in autobus, ma il traffico è molto difficile al mattino e vorrei arrivarci prima. Inoltre, come altri passeggeri a bordo, posso permettermelo."

Lorenzo: "Penso che sia uno spreco di denaro. Volavo spesso a Londra dall'Italia, ma non avrei mai speso così tanto a una distanza come questa. Se è la velocità e il prezzo che preferisci, dico di andare con i treni."

Pietro: "Sono tentato di non dare il tuo consiglio dopo quello che è successo con gli esami, ma tu l'hai sempre consegnato e io personalmente adoro i treni. Soprattutto i treni Eurostar."

CAPITOLO QUINTO

ECONOMIA

Parole chiavi: Boss, investment, market, salary, employment, cash, consumers, workers, factory.

Contanti	Cash
Marko è il nostro manager	Marko is our manager
Sono venuti come lavoratori manuali	They came as manual workers
Lavora nel turismo	She works in tourism
Queste auto sono economiche	These cars are economical
Quanto costa?	What is the price?
Ha un conto in banca	She has a bank account
Il consumo di pesce è ancora forte	Fish consumption is still strong
Abbiamo approfittato di questa esperienza	We have profited from this experience
Questo è un buon premio per lo scrittore	That is a good prize for the writer
Non abbiamo lavoratrici qui	We do not have female workers here
Questa compagnia guadagna molto	This company makes a lot of profit
È un contratto importante per quell'industria	It is an important contract for that industry
Questo prodotto è in vendita	This product is for sale
Questo signore ha molto capitale	This gentleman has a lot of capital
Mio zio è un dipendente	My uncle is an employee
Gli operai costruiranno automobili	The workers are going to build cars
Ecco il tuo resto	Here is your change

Scrivo i contratti	I write the contracts
Le vendite stanno aumentando	Sales are increasing
I dipendenti felici sono buoni dipendenti	Happy employees are good employees
Tutte quelle industrie sono ora scomparse	All those industries have now disappeared
Queste donne sono dipendenti modello	These ladies are model employees
Faremo profitti	We are going to make profits
Vorrei noleggiare un'auto	I would like to rent a car
Riceve un buon salario	She receives a good salary
Dobbiamo consumare meno	We must consume less

TEMPO DI ALLENAMENTO

Design industriale	Industrial design
La borsa di Parigi	The Paris Stock Exchange
Abbiamo una stanza in affitto	We have one room for rent
Il profitto è piccolo	The profit is small
Lavora in borsa	He works at the stock exchange
Guadagna il doppio del mio stipendio	He earns twice my salary
Questa è una città industriale	This is an industrial city
Faremo profitti	We are going to make profits
Gli stipendi vengono pagati alla fine del mese	Salaries are paid at the end of the month
Il vantaggio è piccolo	The benefit is small

Dov'è la mia carta di credito?	Where is my credit card?
Ho un lavoro per te	I have a job for you
Il sindacato è nazionale	The union is national
Sta assumendo persone	She is hiring people
Ha una fortuna enorme	She has an enormous fortune
Il capo impiega lavoratori	The boss employs workers
La concorrenza non è né pura né perfetta	Competition is neither pure nor perfect
I sindacati lo sanno	The unions know it
Ha tre prestiti da pagare per la sua casa	She has three loans to pay for her house
Assumiamo soprattutto in primavera	We hire especially in the spring
Il capo è il proprietario della fabbrica	The boss is the owner of the factory
Il prezzo è sul conto	The price is on the bill
È il mio ordine	It is my order
Quei consumatori sono ricchi	Those consumers are rich
Vedi i mercati	You see the markets

TEMPO DI ALLENAMENTO

È un investimento importante	It is an important investment
La gestione di questa azienda è difficile	The management of this company is difficult
Il mercato chiede di più	The market asks for more
Il consumatore è re	The consumer is king

Tuttavia, il loro proprietario è Americano	Nevertheless, their owner is American
Dove sono le tue cose?	Where are your things?
Il servizio è incluso	Service is included
Devo accettare la sua offerta	I have to accept his offer
È nella loro pubblicità	It is in their advertising
Gli investimenti stanno diminuendo	The investments are falling
La produzione di caffè è importante in questo paese	The production of coffee is important in this country
Sta facendo un viaggio d'affari	She is making a business trip
Lavora per i servizi segreti francesi	She is working for the French secret services
È un buon affare	It is a good deal
Quella produzione dura tra tre e quattro mesi	That production takes between three and four months
Il biglietto costa cento euro	The ticket costs a hundred euros
Il cappotto è costoso ma vale il suo prezzo	The coat is expensive but it is worth its price
Qual è il suo valore esatto?	What is its exact value?
Ho cinque dollari in tasca	I have five dollars in my pocket
È una deliziosa borsa in pelle nera	It is a lovely black leather purse
Questo è un dollaro	This is a dollar

Tuttavia, è troppo costoso	However, it is too expensive
Ci vuole tempo, ma i risultati valgono lo sforzo	It takes time, but the results are worth the effort
Le mie scarpe sono costose	My shoes are expensive
I cappelli da donna sono costosi	The women's hats are expensive
Hai macchine più economiche?	Do you have cheaper cars?
Ha ottanta euro	She has eighty euros
L'amicizia è un valore solido	Friendship is a solid value
Ho undici euro in tasca	I have eleven euros in my pocket
Quella foto vale milioni	That photo is worth millions
La colonna di sinistra è vuota	The left column is empty
Dirige un'azienda	He runs a company
Mio cugino è disoccupato	My cousin is unemployed
Questo settore sta crescendo	This sector is growing
Hai soldi?	Do you have cash?
Questa tariffa è superiore alla tariffa nazionale	This rate is above the national rate
Ho dieci società diverse	I have ten different companies
La tabella contiene quattro colonne e otto righe	The table contains four columns and eight rows

MODALITÀ STORIA

INGLESE

Mr. Harcourt: "Here is your money, keep the change."

Michele: "Thank you, Mr. Harcourt, it's quite generous, but it exceeds my initial cost."

Mr. Harcourt: "Do not bother, I loved your job and I saw your car outside, in this economy, we need all the help we can, consider it a small loan."

Michele: "I am very grateful, sir, I knew it was an important investment for you and I had to give the best of myself."

Mr. Harcourt: "I know, that's why I have another job for you, if you're interested."

Michele: "Everything for the boss, I'm all ears."

Mr. Harcourt: "All the details are in this file: the room is for rent, the product is for sale and the prices are indicated on the invoice, what I just paid you is the salary offered if you accept work."

Michele: "Thank you for the offer sir, but it's too much for me, and I'm not sure I can handle three jobs, but I have a cousin who is often unemployed. He is currently working in a factory near the city."

ITALIANO

Mr. Harcourt: "Ecco i tuoi soldi, mantieni il cambiamento."

Michele: "Grazie, signor Harcourt, è abbastanza generoso, ma supera il mio costo iniziale."

Mr. Harcourt: "Non preoccuparti, ho adorato il tuo lavoro e ho visto la tua macchina fuori, in questa economia, abbiamo bisogno di tutto l'aiuto possibile, consideriamolo un piccolo prestito."

Michele: "Sono molto grato, signore, sapevo che era un investimento importante per lei e ho dovuto dare il meglio di me stesso."

Mr. Harcourt: "Lo so, è per questo che ho un altro lavoro per te, se sei interessato."

Michele: "Tutto per il capo, sono tutto orecchie."

Mr. Harcourt: "Tutti i dettagli sono in questo file: la stanza è in affitto, il prodotto è in vendita e i prezzi sono indicati sulla fattura, quello che ti ho appena pagato è lo stipendio offerto se accetti un lavoro."

Michele: "Grazie per l'offerta signore, ma è troppo per me, e non sono sicuro di poter gestire tre lavori, ma ho un cugino che è spesso disoccupato. Attualmente lavora in una fabbrica vicino alla città."

CAPITOLO SEDICI

SPORT

Parole chiavi: Strike, ball, stadiums, sport, equipment, gym, champion, run, player, swim, golf, coach, goal, leisure.

La palla	The ball
Il giocatore	The player
Il gol	The goal
Lo sport	The sport
Le squadre	The teams
Un gruppo	A team
Una bicicletta	A bicycle
Danza	Dance
Ho colpito la palla	I hit the ball
Non andare allo stadio stasera	Do not go to the stadium tonight
A loro piace correre	They like running
Lei colpisce la palla rossa	She hits the red ball
Mi piace lo sport	I like sports
Nostra figlia prende lezioni di danza	Our daughter takes dance lessons
Sono allo stadio	I am at the stadium
È una palla	It is a ball
Ci fa nuotare	He lets us swim
Lui sta giocando a calcio	He is playing soccer
La mia amica lascia correre suo figlio	My friend lets her son run
È campione di Francia	He is champion of France
Le biciclette sono nuove	The bicycles are new
Tutti i giocatori erano lì	All the players were there

Questa squadra ha buoni giocatori	This team has good players
Mio fratello sta usando quella bicicletta	My brother is using that bicycle
È un cattivo giocatore?	Is he a bad player?
Michele sa nuotare	Michele knows how to swim

TEMPO DI ALLENAMENTO

Suo padre non gioca a golf	His father does not play golf
Giocano in palestra	They play in the gymnasium
La partita è stata facile	The match has been easy
Non giochi a tennis?	You do not play tennis?
Abbiamo perso la concorrenza	We lost the competition
Quali sono i tuoi hobby?	What are your hobbies?
È un calcio	It is a football
Guardare gli uccelli è un bel passatempo	Watching birds is a nice hobby
Lui ha la palla	He has the ball
Sono in palestra?	Are they at the gym?
Lui gioca a golf	He plays golf
Sono andato a camminare	I went for a walk
Sono impossibile da battere	I am impossible to beat
Hanno segnato un goal	They have scored a goal
Devo lanciare la palla	I have to throw the ball
Sono il tuo allenatore	I am your coach
Bel colpo	Nice shot

MODALITÀ STORIA

INGLESE

Luca: "Hello Alessio, how are you today, you look very lively."

Alessio: "Not bad actually, I'm very excited for the match, I can not wait for the kickoff, and you?"

Luca: "In truth, I do not know anything about football, I only know Messi and Ronaldo, the only ball sport I can play is golf, and I'm just trying to get an extra hobby by coming here today."

Alessio: "It's surprising, I never would have guessed, by the way, how are you in shape? I've never seen you at the gym."

Luca: "It's easy, these days, I go to school with my bike instead of my car, I swim, I run and I walk in the evening when the weather is nice."

Alessio: "I see, if anyone asks, France is the current world champion of football, and this stadium is called the Allianz Arena.

In addition, the match takes place between two teams, Bayern Munich and Borussia Dortmund. We will support Bayern. They are the reds."

Luca: "Is the other team good?"

Alessio: "They are really hard to beat, thanks to their new coach and their new tactics."

ITALIANO

Luca: "Ciao Alessio, come stai oggi, sembri molto vivace."

Alessio: "Non male in realtà, sono molto eccitato per la partita, non posso aspettare il calcio d'inizio, e tu?"

Luca: "In verità, non so nulla del calcio, conosco solo Messi e Ronaldo, l'unico sport con la palla che posso giocare è il golf, e sto solo cercando di ottenere un hobby in più venendo qui oggi."

Alessio: "È sorprendente, non avrei mai immaginato, a proposito, come sei in forma? Non ti ho mai visto in palestra."

Luca: "È facile, in questi giorni, vado a scuola con la bici invece che con la macchina, nuoto, corro e cammino la sera quando il tempo è bello."

Alessio: "Vedo, se qualcuno lo chiede, la Francia è l'attuale campione del mondo di calcio, e questo stadio si chiama Allianz Arena.

Inoltre, la partita si svolge tra due squadre, Bayern Monaco e Borussia Dortmund. Sosterremo il Bayern. Sono i rossi."

Luca: "L'altra squadra è brava?"

Alessio: "Sono davvero difficili da battere, grazie al loro nuovo allenatore e alle loro nuove tattiche."

CAPITOLO SETTIMO

SPIRITUALITÀ

Parole chiavi: Spirit, gods, ghosts.

La filosofia	The philosophy
Le chiese	The churches
Lo spirito Santo	The holy spirit
Di Dio	Gods
Mio Dio!	My God!
C'è vita dopo la morte?	Is there life after death?
Hai una mente meravigliosa	You have a beautiful mind
Lei non ha religione	She has no religion
Ho avuto fede	I had faith
La sua anima è in paradiso	Her soul is in heaven
Sei un angelo	You are an angel
Grazie Dio	Thank God
Nessuno può evitare la morte	Nobody can avoid death
Ho fede in te	I have faith in you
Qual è la tua religione?	What is your religion?
Lui non è religioso	He is not religious
Cosa possiamo sperare?	What can we hope for?
Dov'è il paradiso?	Where is heaven?
Sta andando all'inferno	He is going to hell
Lei crede nei fantasmi	She believes in ghosts
È un oggetto santo	It is a holy object
Andrà all'inferno	She will go to hell
È la città delle chiese	It is the city of churches
È una chiesa adorabile	It is a lovely church

MODALITÀ STORIA

INGLESE

"May his soul rest in perfect peace." said the preacher.

"You see my dear brothers, no matter how intelligent, strong, handsome or rich, the truth is that we will all face death when our time comes.

The dominant question then becomes 'Where do you think you will end up after death?' For those of us who belong to the Christian religion, we trust in the grace of our Lord and Savior, Jesus Christ.

We believe he will lead us to heaven when we die, as long as we embody his heavenly values, and keep the commandments of his father, our father, Jehovah. Others believe in reincarnation, or the idea that we return to this world in another body after death."

"My God, Lucas, let's respect the dead, stop playing with your phone and listen to the preacher!" said the elderly lady in a silent tone.

"Oh, Madame Valeria, I'm sure the deceased's ghost would not bother me if I checked some emails." Lucas replied, his eyes still stuck on the phone screen.

"You speak like a pagan." said Madame Valeria.

ITALIANO

"Possa la sua anima riposare in perfetta pace" disse il predicatore.

"Vedi i miei cari fratelli, non importa quanto siano intelligenti, forti, belli o ricchi, la verità è che tutti dovremo affrontare la morte quando verrà il nostro momento.

La domanda dominante diventa allora "Dove pensi di finire dopo la morte?" Per quelli di noi che appartengono alla religione cristiana, confidiamo nella grazia del nostro Signore e Salvatore, Gesù Cristo.

Crediamo che ci condurrà in paradiso quando moriremo, finché incarneremo i suoi valori celesti e osserveremo i comandamenti di suo padre, nostro padre, Geova. Altri credono nella reincarnazione o nell'idea che torniamo in questo mondo in un altro corpo dopo la morte."

"Mio Dio, Lucas, rispettiamo i morti, smettiamo di giocare con il tuo telefono e ascoltiamo il predicatore!" Disse l'anziana signora in tono silenzioso.

"Oh, signora Valeria, sono sicuro che il fantasma del defunto non è infastidito se ho controllato alcune e-mail." Lucas rispose, i suoi occhi ancora bloccati sullo schermo del telefono.

"Parli come un pagano." Disse la signora Valeria.

CAPITOLO DICIOTTO

FLIRTARE

Parole chiavi: Lovely, warm, go out, model, like.

Come ti chiami?	What's your name?
Mi piaci	I like you
Sei un modello?	Are you a model?
Tu vieni qui spesso?	You come here often?
Vuoi ballare con me?	Do you want to dance with me?
Andiamo a casa tua o mia?	Are we going to your place or mine?
Ciao! principe azzurro	Hello! Prince Charming
Vuoi uscire con me?	Do you want to go out with me?
Posso offrirti da bere?	Can I buy you a drink?
Ti andrebbe di andare a bere qualcosa?	Would you like to go get a drink?
Ciao bella	Hello beautiful
Fa caldo qui, o sei solo tu?	Is it hot in here, or is that just you?

TEMPO DI ALLENAMENTO

MODALITÀ STORIA

INGLESE

Matteo: "I like the way this dress looks on you, are you a model?"

Lisa: "Unfortunately, no, but I can be a model if you prefer."

Matteo: "I think I already like you."

Lisa: "Thanks, I think I like you too."

Matteo: "That's great, can I buy you a drink then?"

Lisa: "Of course, go for it."

* Two glasses of tequila are ordered *

Matteo: "So what's your name?"

Lisa: "Liz."

Matteo: "Nice to meet you Elizabeth, do you come here often?"

Lisa: "Not really, and its really Melissa or Melissande in full, but I'm fine, I guess."

Matteo: "Forgive my mistake ... Maybe I was just confused by your beautiful smile, do you want to dance with me Liz?"

Lisa: "I would, but I'm not really a great dancer, and hip hop is not really my kind of music, I like electronic music."

ITALIANO

Matteo: "Mi piace il modo in cui questo vestito ti guarda, sei una modella?"

Lisa: "Sfortunatamente, no, ma posso essere una modella se preferisci."

Matteo: "Penso che mi piaci già."

Lisa: "Grazie, penso che mi piaci anche tu."

Matteo: "Fantastico, allora posso offrirti da bere?"

Lisa: "Certo."

  * Sono ordinati due bicchieri di tequila *

Matteo: "Allora come ti chiami?"

Lisa: "Liz."

Matteo: "Piacere di conoscerti Elizabeth, vieni spesso qui?"

Lisa: "Non proprio, ed è davvero Melissa o Melissande in pieno, ma sto bene, immagino."

Matteo: "Perdona il mio errore ... Forse ero solo confuso dal tuo bel sorriso, vuoi ballare con me Liz?"

Lisa: "Vorrei, ma non sono proprio una grande ballerina, e l'hip hop non è proprio il mio genere di musica, mi piace la musica elettronica."

CAPITOLO NOVE

IDIOMI

Parole chiavi: Eggs, always, saves, things, must, them, two.

Niente dura per sempre	Nothing lasts forever
Facile facile	Easy come, easy go
Non mi ha nemmeno fatto del male	Did not even hurt me
Lontano dagli occhi, lontano dal cuore	Out of sight, out of mind
L'erba del vicino è sempre più verde	The grass is always greener on the other side
Vincerà con le dita nel naso	She is going to win with her fingers in her nose
Questo bambino non sa come trattenere la lingua	This child does not know how to hold his tongue
Non troppo vino, solo una goccia per favore	Not too much wine, only a drop please
Di nuovo acceso, di nuovo spento	On again, Off again
Paese che vai, usanze che trovi	When in Rome, do as the Romans do
Tutte le cose belle finiscono	All good things come to an end
Il mattino ha l'oro in bocca	The early bird catches the worm
I mendicanti non possono essere elettori	Beggars can't be choosers
La fretta fa danno	Haste makes waste
Si vive solo una volta	You only live once

Le pareti hanno orecchie
A ciascuno il suo
Sul mio cadavere
Non puoi mangiare la tua torta e averla anche tu

The walls have ears
To each his own
Over my dead body
You can't eat your cake and have it too

TEMPO DI ALLENAMENTO

MODALITÀ STORIA

INGLESE

Lorenzo: "Hi."

Mia: "Hi, how's your day?"

Lorenzo: "Pretty good. What are you reading?"

Mia: "This is a list of my top ten favorite idioms, in no particular order."

1. "Nobody tells a blind man that it's raining."

2. "When the cat is out, the mice will play."

3. "Make hay while the sun is shining."

4. "Those who need babies, will not go to sleep with socks."

5. "Stupid flies are buried with the corpse."

6. "At the beginning of the bed, early to go up."

7. "When in France, do as the French do."

8. "We only live once."

9. "Hope is eternal."

10. "All good things come to an end."

ITALIANO

Lorenzo: "Ciao."

Mia: "Ciao, come va la tua giornata?"

Lorenzo: "Abbastanza bene. Cosa stai leggendo?"

Mia: "Questa è una lista dei miei dieci modi di dire preferiti, in nessun ordine particolare."

1. "Nessuno dice a un cieco che sta piovendo."

2. "Quando il gatto è fuori, i topi giocheranno."

3. "Fai fieno mentre il sole splende."

4. "Chi ha bisogno di bambini, non andrà a dormire con le calze."

5. "Le mosche stupide sono sepolte con il cadavere."

6. "A letto presto. Presto per alzarsi."

7. "Quando sei in Francia, fai come fanno i francesi."

8. "Viviamo solo una volta."

9. "La speranza è eterna."

10. "Tutte le cose buone finiscono."

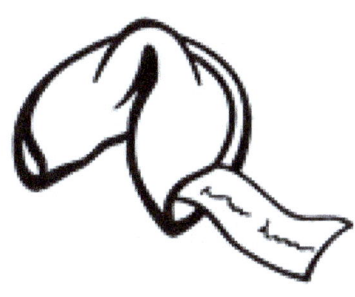

END OF BOOK TWO

For the complete experience, please get the other books in the series.

#THESIMPLEWAYTOLEARNITALIAN

For updates on the next book, or if you'd just like to discuss this one, we're available on twitter as the @BadCreativ3, and on facebook www.facebook.com/BadCreativ3

OTHER BADCREATIVE BOOKS

The Simple Way To Learn French

The Simple Way To Learn Spanish

The Simple Way To Learn German

The Simple Way To Learn Chinese

Thank you for reading, and we hope you would be kind enough to give us a review on our amazon page.